LA FIN DU HASARD

DES MÊMES AUTEURS

DIEU ET LA SCIENCE, *entretiens avec Jean Guitton,*
  Grasset, 1991.
AVANT LE BIG BANG, Grasset, 2004.
LE VISAGE DE DIEU, Grasset, 2010.
LA PENSÉE DE DIEU, Grasset, 2012.

IGOR
BOGDANOV

GRICHKA
BOGDANOV

LA FIN DU HASARD

BERNARD GRASSET
PARIS

Photo de couverture : © Microzoa / Stone / Getty Images

ISBN : 978-2-246-80990-6

© *Éditions Grasset & Fasquelle, 2013.*

« Dieu ne joue pas aux dés. »

Albert EINSTEIN

« Les lois de la nature ne sont rien d'autre
que la pensée mathématique de Dieu. »

EUCLIDE

Introduction

Le hasard !

Quelque chose de tellement banal, de si *évident* qu'il ne se passe pas une seule journée sans que l'on y pense ou que l'on prononce au moins une fois son nom. Il est mêlé de si près à nos vies, travaille à ce point nos esprits, notre langage et notre vision du monde qu'on le retrouve, sous les formes les plus diverses, dans d'innombrables lieux communs, proverbes, idiomes et autres adages : d'un dicton à l'autre, émerge ce qui traîne au fond des croyances populaires, les restes de pensée magique, de craintes ancestrales, d'espérance et de superstition. En somme, les effets mystérieux de ce qu'on appelle « le destin », le « sort », la « chance » ou la « fatalité » sont alors maîtrisés dans une devise, immobilisés par une maxime, domestiqués par une citation, classés, et sagement rangés entre les mots du dictionnaire. Disponible dans toutes les langues du monde et du même coup accessible à notre pensée, le hasard prend alors tranquillement sa place au cœur de nos existences. « Jamais 2 sans 3 », « jouer sa vie à pile ou face », « qui perd gagne », « la chance ne frappe jamais deux fois à la même porte », etc., autant d'expressions courantes qui désignent, chacune à sa manière, la face cachée de la vie. Cet étrange sentiment de frôler continûment « l'insaisissable hasard » dont parlait autrefois Chateaubriand se précise encore à la faveur de ces formules venues d'on ne sait où et longuement éprouvées par la sagesse populaire : « Rien n'arrive par hasard », « le hasard fait bien les choses », « ne jamais rien laisser au hasard », « à tout hasard », etc. : d'une expression à l'autre, on tente de « reprendre la main sur le hasard », d'en réduire la part incertaine et de ne pas *se laisser faire* ou défaire par les coups du sort.

Qu'à cela ne tienne ! Tous les jours, le hasard s'approche de nous, d'une manière ou d'une autre. A chaque instant, il rôde, prêt à changer le cours des choses. Et faire surgir des questions insolites : les taches qui ornent le pelage de notre chien sont-elles réparties au hasard ? Est-ce le hasard qui décide du nombre de pétales d'une fleur ? Et il y a plus encore. A la fois mystérieux et familier, le sentiment de la coïncidence se manifeste le plus souvent au détour d'un événement fortuit ou d'une rencontre « à laquelle on ne s'attendait pas ». Autrement dit, la raison de cette rencontre nous échappe. Par exemple, nous ratons le premier bus du matin et, au suivant, tombons *par hasard* sur l'amour de notre vie.

« C'était écrit ! »

C'est en général la première phrase qui passe par la tête de ceux qui se sentent soudain pris en main, *possédés* par une force inexplicable, tombée d'un ciel supérieur. Comment expliquer, dans ce cas si banal, la sensation d'être, littéralement, happé par le destin ? Pourquoi avons-nous le sentiment que certaines choses se décident « en dehors de nous » ? Et d'où vient cette idée étrange et franchement irrationnelle, partagée par un très grand nombre de gens, selon laquelle « il n'y a pas de hasard » et que, curieusement, nos vies seraient comme « écrites », déterminées à l'avance, décidées par des forces dont on ignore tout et qui, depuis un « ailleurs » inaccessible à notre raison, agiraient sur nos destins ? Nous verrons que ce sentiment tenace peut être en

11

partie explicable et qu'il est possible de situer l'idée que nous nous faisons du hasard dans une perspective bien plus profonde. C'est ce qui va nous pousser à explorer dans ce livre ce qui pourrait se passer *derrière* le mur du hasard. Pourquoi derrière ? Parce que, comme l'a écrit le théoricien David Ruelle, de l'Académie des sciences (l'un des experts les plus avisés de cette discipline montante qu'est la théorie du chaos) : « Le hasard correspond à une information incomplète[1]. » C'est d'ailleurs dans la même direction que Jean Guitton, en défenseur avisé de l'esprit scientifique, n'a pas hésité à déclarer dans *Dieu et la science* : « Ce que nous appelons le hasard n'est que notre incapacité à comprendre un degré d'ordre supérieur[2]. »

*

Ici, faisons une première halte. Au début du XXᵉ siècle, convaincu que la science serait un jour en mesure de mettre fin à l'idée que nous nous faisons du hasard, ce prince des

---

1. David Ruelle, Université de tous les savoirs, 5 août 2000.
2. Jean Guitton, *Dieu et la science*, Grasset, 1991.

mathématiques qu'est Henri Poincaré griffonne sur son carnet : « Une cause très petite, qui nous échappe, détermine un effet considérable que nous ne pouvons pas ne pas voir, et alors nous disons que cet effet est dû au hasard. Si nous connaissions exactement les lois de la nature et la situation de l'univers à l'instant initial, nous pourrions prédire exactement la situation de ce même univers à un instant ultérieur[1]. »

C'est, en gros, ce que pensaient avant lui Isaac Newton au XVIIIe siècle puis, plus tard, Laplace et son fameux démon censé tout connaître, jusqu'à la plus petite particule de matière dans l'Univers. Seulement voilà ! Il n'est pas possible de tout – absolument tout – connaître. Alors ? Alors il nous faut admettre que derrière ce que nous appelons « le mur du hasard », il y a un mystère. Un mystère qui ouvre sur deux questions que nous nous sommes tous posées, un jour ou l'autre : qu'est-ce au juste que le hasard ? Et d'où vient-il ?

A sa manière, en pleine crise de 1929 – deux ans après le légendaire Congrès Solvay et le dramatique affrontement contre Niels Bohr que vous allez découvrir plus loin – Einstein

---

1. Idem.

nous apporte un début de réponse : « Tout est déterminé par des forces que nous ne contrôlons pas. Tout est déterminé, pour l'insecte comme pour l'étoile. Etres humains, légumes ou poussière d'étoile, nous dansons tous au rythme d'un air mystérieux joué au loin par un joueur de flûte invisible[1]. » Mais une fois de plus, cette porte entrouverte débouche sur une nouvelle énigme, peut-être encore plus opaque : qui est donc ce « joueur de flûte invisible » ?

*

Ici, nous allons déboucher sur notre premier acquit : ce mystérieux joueur ne peut pas être le pur hasard ! Pourquoi ? Parce que les choses ne s'organisent jamais au hasard. Jamais. Aucune chance pour qu'en rentrant chez vous un soir, vous ayez la bonne surprise de trouver votre salon « rangé par hasard ». Einstein – décidément très présent sur ce terrain – nous le dit avec force : « L'idée que l'ordre et la précision de l'univers, dans ses aspects innombrables, seraient le résultat d'un hasard aveugle

---

1. Interviewé par G.S. Viereck le 26 octobre 1929 et cité dans *Glimpses of the Great*, 1930.

14

est aussi peu crédible que si, après l'explosion d'une imprimerie, tous les caractères retombaient par terre dans l'ordre du dictionnaire[1]. » Sur le même ton, pour James Gardner (l'un des plus sérieux théoriciens actuels de la complexité) dire que le cosmos est apparu par hasard, « c'est un peu comme croire que si l'on attend assez longtemps, un Boeing 747 va s'assembler de lui-même, à partir de la poussière existant dans la ceinture des astéroïdes[2] ». Et chez nous, qu'en pensent les scientifiques ? L'un des plus conservateurs de tous, le très prudent Christian Magnan, professeur de physique au Collège de France, n'hésite pas à parler, à propos de l'ajustement des paramètres dans l'Univers au moment du Big Bang, d'un « réglage on ne peut plus diabolique, difficile à attribuer au seul fait du hasard[3] ».

---

1. Science, éthique et religion selon Einstein in http://www.profbof.com/einstein/religion.htm

2. « A New Dawn for Cosmology ? », interview de James Gardner par Carter Phipps.
http://www.allthingshealing.com/Cosmology/-A-New-Dawn-for-Cosmology-An-Interview-with-James-Gardner/4413#.UiiDQr-JXZ8

3. Christian Magnan, « Notre Univers a-t-il été réglé de façon incroyablement précise ? »
http://www.lacosmo.com/reglage_fin.html

*

Disons-le sans détours : on a de grandes chances d'être déçu – et très mal servi – en se reposant sur le hasard pour réaliser un travail. Prenons quelque chose de tout bête : ranger quelques livres dans une bibliothèque. Si vous n'avez que deux livres, ce sera vite fait : il vous faudra à peine deux secondes pour classer le volume 2 après le volume 1. Quant au hasard, qui a besoin d'une seconde par classement, il ne prendra lui aussi que deux secondes, à égalité avec vous.

A présent, passons à 12 livres. Il vous faudra moins de trente secondes pour ranger votre bibliothèque. Mais pour le hasard, c'est la débandade ! Il n'a qu'une chance sur 480 millions de réussir du premier coup à ranger ses 12 malheureux livres. Il lui faudra donc patauger pendant des années avant de parvenir à faire ce que vous avez réussi en quelques instants. Et pour finir, en rajoutant seulement 3 nouveaux livres à votre collection, autrement dit, en ayant 15 tomes à classer, là encore, il vous faudra à peine une minute alors qu'en laissant faire le hasard, l'aventure tourne à la catastrophe : il se traînera pendant des dizaines de milliers d'années avant d'aboutir au même résultat !

Bref, en tant qu'organisateur, le hasard pulvérise à lui seul tous les records d'inefficacité.

*

Revenons à présent à la question soulevée par Einstein : qui est donc le mystérieux joueur de flûte dont il parle ? Où se cache-t-il ? En fait, dans les endroits les plus inattendus. En voici un bel exemple parmi mille autres.

Par ce matin frais de 1773, l'illustre naturaliste Georges-Louis Leclerc est au comble de la joie.

Bénéficiant, dans cette France paisible, des faveurs de Louis XV, il peut s'enorgueillir d'être à la fois sociétaire de l'Académie française tout autant que de l'Académie des sciences. Depuis des lustres, il est intendant du cabinet d'histoire naturelle du roi. Et également trésorier perpétuel de l'Académie des sciences. Mais le titre dont ce gentilhomme en jabot est le plus fier, celui qui a tant de fois failli lui filer entre les doigts, vient enfin – après tant d'années – de lui être accordé par Sa Majesté ! Et quel titre !

Comte de Buffon !

La délicieuse nouvelle vient de lui être confirmée. Il en tremble de joie. Ce matin-là, le célèbre naturaliste est bien trop agité pour se consacrer, comme chaque jour depuis des dizaines d'années, à la rédaction de sa monumentale *Histoire naturelle*. Devenir comte de Buffon mérite bien une petite récréation. Pour lui, la meilleure de toutes est de jouer (en compagnie de son intendante, la jolie Marie Blesseau) au lancer des aiguilles. En fait, c'est bien plus qu'un jeu. Comme il l'avoue à son chapelain, ce fameux lancer, dont il a découvert le secret en 1733, est à ses yeux une bonne raison de faire le pari, comme Pascal, que Dieu existe.

Quelle est donc l'étonnante découverte de Buffon ?

Celle, totalement inattendue, d'un *ordre caché* à la place du hasard ! La trace de ce qu'Einstein appellera « une force » là où on s'attend à ne rencontrer que des aléas sans queue ni tête. Pour comprendre, le mieux est que vous refassiez vous-même la petite expérience de Buffon. A la place d'aiguilles, prenez une poignée d'allumettes et lancez-la sur votre parquet. Elles vont bien sûr tomber « au hasard ». Certaines au beau milieu des lames, d'autres sur la rainure entre deux lames. A première vue ce tas d'allumettes éparpillées pêle-mêle sur le sol n'est rien d'autre que la manifestation du pur hasard.

Mais est-ce bien vrai ?

En réalité, pas du tout ! C'est là qu'intervient le trait de génie de Buffon. A l'aide d'un calcul finalement assez simple, il a pu montrer cette chose incroyable : la probabilité pour qu'une allumette tombe entre deux lames (c'est-à-dire à cheval sur une rainure) est de 2 sur Pi !

*

Que vient faire Pi dans cette histoire ?

Arrêtons-nous un instant sur ce nombre mythique. Depuis des siècles, les explorateurs de Pi calculent ses innombrables décimales. Hier avec un crayon. Aujourd'hui à l'aide d'ordinateurs. Le 15 février 2013, le seuil effarant de 10 000 milliards de décimales a été franchi par deux mathématiciens japonais. Deux athlètes obsessionnels des chiffres. En fait, si ce nombre étrange fascine à ce point, c'est qu'on a l'impression que ses décimales se déroulent au hasard, sans queue ni tête. Or, ce n'est qu'une impression. Car en réalité, Pi (comme nous le verrons plus loin) est rigoureusement ordonné, *déterminé*, jusqu'à l'infini. Pas une seule de ses milliards de milliards de milliards de décimales ne surgit au hasard. Mais alors, comment se fait-il qu'on n'ait jamais pu trouver dans ses profondeurs (même à des milliards de décimales derrière la virgule) la moindre trace de cet ordre ? Par quel tour de force Pi parvient-il à se faire passer pour un nombre au hasard alors qu'il ne l'est pas ? L'immense mystère est là. Impénétrable.

Ce faisant, ce nombre pas comme les autres nous a habitués à de saisissants coups de théâtre. Par exemple, voici une curiosité qui intrigue nombre de mathématiciens. La centième décimale de Pi est un 9. De même, la millième décimale est encore un 9. Tout comme la milliardième. Plus surprenant encore : à partir du 762e chiffre après la virgule, on trouve 999999, soit six 9 d'affilée. Pourquoi ? Mystère ! Les frères David et Gregory Chudnovsky, deux mathématiciens russes aujourd'hui aux États-Unis, ne s'y sont pas trompés. Collectionnant les exploits (ils ont été les premiers à calculer plus d'un milliard de décimales de Pi) les deux frères passent pour être parmi les plus grands spécialistes au monde de ce nombre énigmatique. Peut-être même les plus grands. Or, pour eux, puisque Pi est entièrement déterminé, une suite de six 9 n'est pas un simple accident. Depuis toujours, ils ont l'impression que ce nombre infernal contient, ici et là, des sortes de « signaux ». Un ordre caché, qu'ils se sont mis en tête de décoder, coûte que coûte. « Que diable est-ce que tout ça veut dire ? » lance David Chudnovsky en se cognant la tête contre un mur. « Nous sommes face à une suite de décimales qui semble totalement incompréhensible[1] ! » Mais ni lui ni son frère ne baissent les armes. Ils espèrent bien pouvoir décoder un jour quelques bribes de ce que les spécialistes de la théorie des nombres nomment parfois à voix basse « le message de Pi ».

Justement, c'est cette même impression de « message » qui, deux siècles plus tôt, a rendu Buffon perplexe. Que veulent donc dire ces aiguilles par terre ? Nous ne sommes pas au bout de nos surprises. En effet, quelques années après la disparition de Buffon, le fameux physicien Laplace (père du célèbre « démon » qui porte son nom) a repris l'expérience des aiguilles.

Pour y découvrir quoi ? Que le rapport entre le nombre d'allumettes lancées sur le parquet et le nombre de celles qui sont tombées à

---

1. Propos recueillis par Richard Preston in « The Mountains of Pi », *The New Yorker*, 1992.
http://www.davidabrahamson.com/WWW/IALJS/Preston_TheMountainsofPi_NYer_2Mar92.pdf

cheval entre deux lames n'est autre que... le nombre Pi[1] !

Par quel miracle ? Comment se fait-il que la chute au hasard d'une poignée d'allumettes sur le sol paraisse « contrôlée » par Pi, le plus célèbre – mais aussi le plus mystérieux – de tous les nombres ? D'où vient cet ordre invisible qui, sans qu'on s'y attende le moins du monde, surgit au beau milieu du hasard ?

*

Vous le verrez au fil des pages, ce qui est vrai pour Pi l'est aussi pour d'autres nombres. Entre autres, les nombres premiers, ces « atomes numériques », divisibles seulement par eux-mêmes. Ils surgissent çà et là dans la suite infinie des entiers naturels, sans qu'il soit possible de prévoir leur apparition. Arrivent-ils au hasard ? Encore une fois, c'est l'impression qu'ils donnent. Mais ce n'est pas le cas. Tout comme les décimales de Pi, les nombres premiers sont, eux aussi, rigoureusement déterminés. Mais par quoi ? Le grand Euler lui-même a baissé les bras : « Jusqu'ici, les mathématiciens

---

1. En réalité, une approximation de Pi, d'autant meilleure que le nombre d'allumettes lancées sera grand.

ont essayé en vain de découvrir un ordre quelconque dans la suite des nombres premiers et nous avons des raisons de penser qu'il s'agit d'un mystère au sein duquel l'esprit humain ne pourra jamais pénétrer. »

Aujourd'hui, la même question se pose, dans un cadre bien plus général : comment percer le mystère du hasard ?

Les premières réponses commencent à émerger. Surprenantes, parfois même difficiles à admettre, elles ont de quoi ébranler nos convictions les mieux ancrées. Par exemple, la gravitation (qui fait que vous êtes assis sur votre siège sans flotter) est 10 puissance 40 fois plus faible que la force électromagnétique. Un véritable gouffre ! Que pouvons-nous en tirer ? Qu'au moment du Big Bang, l'Univers n'avait qu'une seule chance sur 10 000 milliards de milliards de milliards de milliards de tomber *juste* sur la bonne valeur ! Pour vous donner une vague idée, imaginez que la terre entière soit recouverte d'une couche de sable fin épaisse de 10 mètres. Tous les grains de sable ont la même couleur sauf un : il est peint en rouge. Si vous pouviez trouver du premier coup cet unique grain rouge perdu dans l'immensité, alors la précision de votre geste serait un peu comparable à celle de l'Univers lorsqu'il

« tombe » sur la bonne proportion entre les deux forces.

Comme nous le verrons plus loin, le mystère est loin de s'arrêter là. Il existe des dizaines de nombres purs, de paramètres cosmologiques, de constantes fondamentales qui encadrent d'une main de fer, sans laisser la moindre prise au hasard, la naissance de notre Univers, il y a 13 milliards 820 millions d'années. D'où vient cet ordre époustouflant ? Le plus frappant, c'est que peut-être pour la première fois dans l'histoire humaine, il devient possible de s'approcher de débuts de réponse. Car nous ne vivons pas à n'importe quelle époque. Sous nos yeux, deux expériences colossales, lancées il y a de nombreuses années, viennent de livrer leurs premiers secrets. Vous avez tous entendu parler de la première de ces deux expériences. Elle touche aux fondements mêmes de la matière et a été réalisée au CERN, dans cet immense accélérateur de particules qu'on appelle le LHC. Qu'y a-t-on découvert ? Très probablement le célèbre « boson de Higgs ». Or, si cette particule est tellement énigmatique, c'est qu'à elle seule, elle détermine la masse de toutes les autres. Elle qui, par exemple, fait que l'électron est 1 835 fois plus léger que le proton. Et c'est encore et toujours le boson de Higgs qui fait que le photon n'a pas de masse. C'est dire à quel point le célèbre boson (surnommé « particule Dieu » par le prix Nobel de physique Leon Lederman) dame le pion au hasard au cœur même de la matière.

Et à l'échelle de l'Univers ?

Une seconde expérience, tout aussi fracassante que celle qui a conduit au boson de Higgs, vient de livrer au public ses premiers résultats : la mission Planck. Cet astronome de métal qu'est le satellite Planck a sondé pendant quatre ans la première lumière émise par l'Univers, tout juste 380 000 ans après le Big Bang. Or là encore, l'image qu'il est parvenu à extraire de l'énigmatique « rayonnement cosmologique » – débouche sur tout autre chose que le hasard. D'abord parce que la température de cette première lumière ne varie que d'un cent millième de degré d'un point à un autre, si bien qu'elle semble fantastiquement bien « réglée ». Mais surtout, les analyses fines qui ont été menées montrent que ce qu'on appelle la « complexité » de ce rayonnement est, en réalité, extrêmement basse. En d'autres termes (de l'avis même des experts de la mission Planck) le hasard joue un faible rôle au sein de ce rayonnement primordial.

*

Nous voici donc face à la question autour de laquelle tourne notre livre. Le vrai hasard, le hasard *pur* existe-t-il ? Et si oui, où se cache-t-il ? Selon les experts des sciences de l'infiniment petit, la réponse se trouve dans le monde étrange, insaisissable, des atomes. Là, au cœur de ce qu'on appelle « le monde quantique », règne un principe tout-puissant − le principe d'incertitude. Sous son emprise, tout devient irréductiblement flou. Impossible de connaître à la fois la vitesse d'un photon (un grain de lumière) et sa position dans l'espace. Impossible de dire à quel moment telle particule va se désintégrer. La source du hasard pourrait donc bien se trouver là. Au cœur de l'infiniment petit.

Mais est-ce vraiment certain ?

Ce livre va nous mener au bord d'une révolution sans précédent. Depuis peu ont émergé de nouvelles disciplines, des savants d'un nouveau genre. Au fil des pages, vous allez retrouver cette question ouvertement mystérieuse, qui n'a cessé de hanter l'humanité jusqu'aujourd'hui : d'où vient le hasard ? Y aurait-il « quelque chose » derrière ? Les toutes premières réponses que vous allez découvrir ici ont de quoi vous émerveiller. Et changer votre vie !

Préparez-vous à passer de l'autre côté du mur, pour découvrir le hasard tel que vous ne l'avez jamais vu. Ni même jamais imaginé.

Chapitre Premier

Poincaré contre le hasard

5 janvier 1895, à Paris, au petit matin.

Le froid mord les doigts gantés des soldats rassemblés au garde-à-vous dans la cour Morlan de l'Ecole militaire. Au centre, encadré par quatre artilleurs, un homme au visage blême, vacillant dans ses bottes, écoute le jugement énoncé d'une voix vide par un huissier.

Il est encore capitaine d'artillerie pour quelques minutes. Son nom ?

Alfred Dreyfus !

Comment diable en est-il arrivé là ? C'est à peine s'il entend qu'il a été jugé coupable de haute trahison. A peine s'il sent la main d'un adjudant de la garde républicaine qui, une à une, arrache ses décorations, si durement gagnées depuis son entrée à l'Ecole polytechnique. Puis c'est le tour des fines bandes d'or des épaulettes et des manches qui finissent en lambeaux sur les dalles. Enfin, dans le claquement du métal, l'épée du malheureux capitaine est brisée d'un coup sec sur le genou du sous-officier.

C'est fini.

Sous le roulement lugubre des tambours, pour la dernière fois, le soldat dégradé défile au ralenti, tête baissée, devant ses anciens compagnons d'armes, toujours figés au garde-à-vous. L'instant d'après, il disparaît dans l'ombre d'un fourgon.

*

Le capitaine Dreyfus vient d'être condamné au bagne à perpétuité. Sans preuves. Quelques semaines plus tard, le voilà jeté à fond de cale, chaînes aux pieds, déporté vers l'enfer de la Guyane, jusqu'à la lointaine Île du Diable.

L'affaire Dreyfus va pouvoir commencer.

Et marquer, étrangement, le début de ce livre. Pourquoi ? Parce que, comme vous allez le voir, la défaite du hasard – face aux mathématiques – y prend une part inattendue. Et décisive.

En attendant, la terrible affaire va durer douze ans. Couper la France en deux. Jeter les antidreyfusards dans la rue, à la chasse aux juifs et aux intellectuels. La haine suinte sous les pavés. Et frappe. A coups de matraque ou de couteau. Aveugle comme le hasard. Mais heureusement, l'autre France finit par se dresser contre cette nouvelle barbarie. Zola le premier se lance tête baissée dans le combat. En 1898, son flamboyant article « J'Accuse » éclate comme un coup de tonnerre. Habituellement vendue à 30 000 exemplaires, *L'Aurore* s'arrache à plus de 300 000 copies. La une – en forme de lettre ouverte au président de la République – est dévorée en quelques heures par des millions de lecteurs. Porté par une rage palpable entre les lignes, Zola n'épargne aucun des acteurs de ce drame judiciaire. Ni le ministre de la Guerre. Ni l'état-major de l'armée. Dans la journée, l'effarante nouvelle se répand aux quatre coins de la France : Dreyfus est innocent ! Victime d'une machination organisée par les militaires, avec la complicité du gouvernement.

Mais la riposte de l'armée ne se fait pas attendre. Dans un climat de violence extrême, la foule hurlant au pied du tribunal, Zola est condamné à la peine maximale : un an de prison et une énorme amende. Traqué, l'écrivain ne devra son salut qu'à la fuite en Angleterre.

L'injustice semble triompher.

De l'autre côté de la planète, grelottant de fièvre au fond de son cachot, Dreyfus sombre dans le désespoir. Pourtant, un beau jour de 1904, tout bascule. Le coup de théâtre ne viendra ni de l'armée ni du gouvernement ni même des juges. Qui sont les vrais justiciers ?

Des hommes de science !

Plus exactement des mathématiciens. Avec à leur tête celui qui, en remportant haut la main un concours ouvert par le roi Oscar de Suède, s'est couvert de gloire dans l'Europe entière quelques années plus tôt : Henri Poincaré.

*

Poincaré !

Déjà une légende. Calculant de tête à la vitesse de l'éclair, entré premier à l'Ecole polytechnique (et sorti « seulement » second pour avoir rendu copie blanche en dessin), Poincaré – cousin germain du président Raymond Poincaré avec qui il adorait jouer aux billes après l'école – est alors considéré comme le plus grand mathématicien de son temps. Sa parole compte triple et quand il affirme quelque chose, on ne s'aventure pas à soutenir le contraire. Surtout pas lorsqu'on s'appelle Alphonse Bertillon. Qui est-ce ? Un criminologue vacataire à la préfecture de police, fasciné par le hasard – selon lui « le meilleur ami des policiers ». A défaut d'être expert en mathématiques, Bertillon est un antisémite féroce. A partir d'un calcul de probabilités bourré d'erreurs, il a fini par convaincre la cour en 1894 que le malheureux Dreyfus était coupable. Bien entendu, en 1904, face aux magistrats de la cour de cassation, à coups d'explications entortillées, Bertillon tente de noyer son monde et de rééditer son triste exploit. Mais cette fois, Poincaré est là. Et il lui barre la route. Depuis quelques années, il s'est lancé dans une étude approfondie de ce qu'il nomme les « lois du hasard ». Chemin faisant, il est devenu l'un des maîtres incontestés du calcul des probabilités. Résultat : dans un rapport cinglant, il démonte un à un les arguments de Bertillon qui finissent par tomber en poussière. Et le 12 juillet 1906, la cour rend son verdict : Dreyfus est entièrement blanchi ! Il sera réhabilité et réintégré au sein de l'armée au grade de commandant.

La terrible affaire qui a déchiré la France et une partie de l'Europe est terminée.

*

Le hasard !
En plaidant devant le tribunal l'examen scientifique des causes, c'est finalement le hasard

– l'incertain, l'aléatoire, l'imprévu – que Poincaré a pris pour cible. Il existait bel et bien un flou autour des prétendues « preuves » avancées par l'accusation. Un nuage d'incertitudes que seules les mathématiques – les vraies – pouvaient dissiper.

A partir de là, l'illustre savant va prendre les choses en main. Laisser carte blanche au hasard ? Il hausse les épaules. C'est presque comme croire que les chats noirs portent malheur. « Le hasard n'est que la mesure de notre ignorance[1] ! » martèle-t-il à tout bout de champ. Le fameux procès n'a fait que renforcer sa détermination. Aussi, trois ans après son rapport fracassant à la cour de cassation, il remonte au front : « Pourquoi les météorologistes ont-ils tant de peine à prédire le temps avec quelque certitude ? Pourquoi les chutes de pluie, les tempêtes elles-mêmes nous semblent-elles arriver au hasard[2] ? »

Pour Poincaré, inutile d'aller chercher bien loin la réponse : si on ne peut pas prévoir le temps qu'il fera dans une semaine, c'est uniquement parce que nous ne connaissons pas l'ensemble des paramètres sur lesquels

---

1. Henri Poincaré, *Science et Méthode*, Paris : Flammarion.
2. Idem.

reposent les phénomènes météorologiques. Au passage, les prévisions de plus en plus fiables réalisées chaque matin par les météorologues d'aujourd'hui laisseraient leurs collègues du temps de Poincaré stupéfaits d'admiration. Sur ce point comme sur beaucoup d'autres, grâce à la science, à l'explosion du calcul informatique et à plusieurs théories nouvelles – notamment la célèbre théorie du chaos déterministe (dont, justement, les bases ont été jetées par Poincaré) –, les lignes du hasard se mettent à vaciller.

Mais revenons un instant à l'époque de Poincaré. Il est devenu célèbre en 1889 en résolvant le redoutable problème des trois corps. De quoi s'agit-il ? De la réponse fracassante apportée à une question épineuse : le système solaire est-il stable ou pas ? Prenons par exemple la Terre, le Soleil et la Lune. Ce que Poincaré a découvert et montré avec une rare élégance, c'est que contrairement à ce que l'on pensait jusqu'alors, les trajectoires de ces trois corps célestes sont en réalité « chaotiques » ! Mais que l'on ne s'y trompe pas ! Ce chaos est lui-même étroitement encadré par des lois. Des lois contre lesquelles vient se fracasser le hasard.

Poincaré soupire. La fameuse théorie du chaos – profondément déterministe – vient de naître. Avec elle, un coup terrible est porté au hasard.

Mais le combat ne fait que commencer. Il va être féroce.

Chapitre 2

La flèche de l'ordre

Le deuxième coup a été porté au tout début du XXᵉ siècle. Un coup dont le hasard n'allait pas sortir intact.

Tout commence par une froide soirée de novembre 1902 à Vienne, antique capitale de l'Empire d'Autriche-Hongrie. La neige est en avance cette année-là et depuis plusieurs heures, elle efface en silence les pavés gris sombres sous les pas des promeneurs.

Heureusement, dans la grande salle des Actes de l'université, il fait chaud et sec, surtout près du poêle à bois. Ce jour-là, un homme à la barbe lourde, méticuleusement taillée au carré, s'apprête à prendre la parole. Son nom ? Il fait trembler toutes les universités d'Europe : Ludwig Boltzmann. Ce savant – né un jour de mardi gras – n'est pas n'importe qui. Son père – un rigide fonctionnaire des impôts – lui a inculqué la rigueur à coups de règle sur les doigts.

Elève modèle, il a toujours été le premier de sa classe, à l'exception d'un seul trimestre où il a été classé second, quelque chose d'incompréhensible pour lui (et d'impardonnable pour le père). Il a passé sa thèse de doctorat presque quarante ans plus tôt, sous la direction du légendaire Joseph Stefan, l'un des maîtres de la physique viennoise. En 1884, c'est l'exploit ! Il découvre et met en forme la mystérieuse loi du « corps noir », cette loi qu'étrangement, deux jeunes astrophysiciens américains, Arno Penzias et Robert Wilson, retrouveront quatre-vingts ans plus tard dans l'écho du Big Bang. Déjà, sans le savoir, Boltzmann était sur la piste de l'origine cosmique.

S'il en impose à ses collègues et plus encore à ses adversaires, ce n'est pas seulement en raison de ses yeux perçants, qui brillent sous ses sourcils électriques. Le secret de Boltzmann, c'est qu'il maîtrise bien mieux les mathématiques que ses collègues (même les plus doués). Dès l'âge de vingt-cinq ans, déjà nommé professeur à part entière à l'université de Graz suite à une lettre enthousiaste de Joseph Stefan, il stupéfie son entourage par sa capacité à enchaîner de tête les calculs les plus ardus, sans jamais les écrire, pour finalement extraire la solution de son chapeau. Sans la moindre erreur, bien entendu. Et au fil des années, la légende s'est imposée : dans toutes les universités d'Autriche, on sait désormais que Boltzmann peut écraser n'importe qui d'une seule phrase.

*

Encombré par ses larges épaules, le physicien autrichien s'efforce ce jour-là de les faire tenir dans sa redingote bleue (qui par malheur est légèrement trop étroite pour lui). Depuis toujours, il est plus ou moins complexé par cet embonpoint qui lui donne l'air trapu. Il supporte de plus en plus mal que son épouse Henriette, une séduisante Autrichienne aux yeux vert clair, le surnomme « mon gros bonhomme ». Mais aujourd'hui, il a autre chose à penser. Le premier conseiller de l'Empereur François-Joseph aux Affaires scientifiques est dans la salle et il lui faut faire bonne figure. Et il n'y a pas que lui. Sur les gradins, assis depuis déjà une petite heure, se tient raide dans sa redingote soigneusement repassée, le redoutable Ernst Mach.

Son adversaire de toujours ! Celui qui laissera à jamais son nom attaché au franchissement du mur du son. Mais qui s'est aussi, jour après jour, acharné à détruire la réputation de Boltzmann. A l'empêcher de parler. Et même de penser ! L'irascible physicien est à la retraite depuis plus d'un an et désormais, c'est Boltzmann qui le remplace à la tête de la chaire de philosophie et d'histoire des sciences. Mais ça ne l'empêche pas d'être de retour dans les gradins. Pourquoi, grand Dieu ? Pour le narguer une fois de plus ? A cause de lui et du terrible Wilhelm Ostwald, l'un des plus grands chimistes d'Europe centrale, voilà plus de vingt-cinq ans qu'on se moque de lui. Un quart de siècle ! Bolzmann crispe les poings. Il n'oubliera jamais ce jour de décembre 1877 où à l'université de Graz, il avait pour la première fois révélé que les secrets de la matière visible se tenaient dans l'invisible. Que le comportement d'un bloc de plomb chauffé – par exemple lorsqu'il se met à fondre – devait s'expliquer par la danse de milliards d'atomes dans les profondeurs du métal. Des *atomes* ? Dans la salle de séminaire, Ernst Mach s'était levé comme piqué par un aiguillon et avait lancé d'un trait : « Ce n'est pas le plomb mais votre cerveau qui est en train de fondre, mon pauvre Boltzmann ! Vos soi-disant atomes n'existent pas ! Pas plus que des fées sur le Danube ! » Sur ce, la salle s'était esclaffée et la moitié des physiciens présents avaient fini par gagner la sortie. Depuis ce jour-là, même si face à face il parvenait presque toujours à clouer le bec de ses contradicteurs, Boltzmann n'était jamais arrivé à faire taire les moqueries qui couvaient dans son dos.

*

Pourtant, une fois de plus, Boltzmann fait salle comble ce soir-là. Comme chaque fois, il est habité par le trac et jette un coup d'œil par l'embrasure de la porte arrière. La foule est partout, pressée en rangs sur les gradins et jusqu'au bas des escaliers. Etudiants, professeurs, dames du monde, artistes de la nouvelle vague, hussards en uniforme multicolore, toute l'Autriche est là. Il est vrai que pour la première fois, Boltzmann ne va pas parler de physique ou de mathématique. Pas de formules compliquées ou d'équations incompréhensibles. Non. Aujourd'hui, il va parler de « philosophie naturelle » dans un langage que tout le monde pourra comprendre. Et que va-t-il révéler ? Quelque chose qui le hante depuis des années. Quelque chose de si brûlant que jusqu'au dernier moment, il va hésiter à le dévoiler. Quelque chose qui va, il le sait, faire basculer le savoir de son temps.

De quoi s'agit-il ?

De l'un des secrets les mieux gardés de l'Univers. Mais aussi l'un des plus importants. Si un jour vous allez au Cimetière central de Vienne, vous découvrirez au détour d'un sentier la tombe du grand Boltzmann. Sur la pierre, vous pourrez alors lire, un peu effacée par le temps, une formule mystérieuse. Un peu comme une clef, qui permet de déchiffrer l'immense mystère de l'origine. Pour Einstein, aucun doute : c'est la formule la plus fondamentale de toute la physique. Que nous dit-elle ? Tout d'abord, elle résume la conviction profonde de Boltzmann quant à la réalité matérielle. Une conviction qu'il est allé chercher deux mille cinq cents ans en arrière, chez le philosophe grec Démocrite. Tout comme son maître de l'Antiquité, il est persuadé que la matière ne constitue pas un bloc continu mais qu'elle est composée de myriades de minuscules objets qu'on appelle « atomes ». Un point de vue que pratiquement personne n'est encore prêt à admettre à l'époque. Il est vrai que Planck, Einstein et les autres ne sont pas encore passés par là. Dans ces premières années du xxe siècle, Boltzmann est donc encore isolé dans le petit monde des physiciens. A vrai dire, il est même méprisé par la plupart de ses collègues (quand on ne le traite pas d'illuminé). Mais rien n'y fait ! Personne, pas même ses sinistres collègues à la mine de papier mâché n'ont pu l'arrêter ou le faire changer d'avis. Depuis des années, il s'est acharné à plonger au cœur de cette mystérieuse matière. Dans l'espoir éperdu d'y trouver enfin la clef ultime. Le fabuleux code secret grâce auquel la nature est écrite. Il a été le tout premier à dire haut et fort que notre réalité visible (les pommes que l'on croque le matin, les fleurs que l'on cueille dans un pré, les cailloux que l'on ramasse au bord d'un chemin), tout ce qui existe est *chiffré* au cœur de l'infiniment petit, dans un langage purement mathématique. C'est donc en mathématicien qu'il a réfléchi. Or aujourd'hui, il tient sa formule. Une équation courte, simple, *merveilleuse* !

*

Pour ceux qui savent la lire, le message est clair : ce qu'on appelle l'entropie – c'est-à-dire le désordre – de quelque chose dépend directement du nombre d'états microscopiques de cette chose ! Un désordre au sein de la matière qui, au passage, ne peut aller qu'en augmentant. Jamais le contraire. C'est cette formule magique qui explique, entre mille autres choses, que lorsque vous mélangez du lait et du café dans votre tasse, il vous est impossible de revenir en arrière. De séparer à nouveau, dans votre tasse, le lait du café. Nous voici arrivés au point crucial. Car est-ce que pour autant cette augmentation de l'entropie signifie une augmentation du hasard dans l'Univers ?

C'est là que, sans le savoir tout à fait, Boltzmann tient sa plus belle réponse. A l'époque, ce n'est encore qu'une idée vague, une intuition qui traverse furtivement sa tête et se retrouve sous la forme de quelques gribouillages sur une feuille de papier. Rien de plus. Mais l'idée est là. Le génial physicien l'a déjà constaté : lorsque l'entropie – le désordre – augmente quelque part, cela veut dire qu'ailleurs, l'ordre augmente. Un peu comme dans deux vases communicants. Pour le hasard, le coup pourrait être rude. Mais tout n'est pas dit pour autant, loin s'en faut. Car à cette époque encore lointaine, Boltzmann ne peut pas donner une forme précise à son idée. Cela ne viendra que quarante ans plus tard. Mais en attendant, il y a tout de même dans cette découverte quelque chose de stupéfiant, qui ne peut qu'ébranler les fondations sur lesquelles repose l'Univers, hasard y compris.

En effet, ce jour-là, après avoir respiré un grand coup, le savant pose cette question pour le moins provocante : que se passe-t-il lorsqu'on applique sa formule à l'Univers tout entier ? Médusés, ses auditeurs apprennent alors des choses qui, en moins d'une heure, font voler en éclats tout ce qu'ils croyaient savoir. D'abord qu'il y a une limite dans le passé. Autrement dit, l'Univers n'est pas éternel. Pourquoi ? Parce que si l'entropie diminue dans le passé, peut-être des milliards d'années en arrière, cette diminution rencontre forcément une limite. Laquelle ? La réponse – écrite cérémonieusement par Boltzmann sur le tableau noir pour illustrer sa conférence – ne peut être que zéro !

Zéro !

Un murmure ondule dans la salle. Les plus érudits ce jour-là le savent, une entropie nulle pour l'Univers, cela veut dire qu'à l'origine, tout – absolument tout – était fantastiquement ordonné. Que, donc, rien n'était laissé au hasard. Plus exactement encore, ce qui frémit au bout du raisonnement de Boltzmann, c'est que si on peut parler d'une origine de l'Univers, alors à cet instant-là, le hasard était totalement inexistant. L'ordre qui régnait dans l'Univers aux tout premiers instants ne pouvait être qu'absolu !

Par quel miracle ?

La réponse n'existe pas du temps de Boltz-mann.

Et il est loin de se douter que vingt ans plus tard, en 1927, le débat va brutalement s'enflammer : cette année-là, Albert Einstein entre en scène. Et il va provoquer un inou-bliable séisme.

Chapitre 3

Dieu ne joue pas aux dés

29 octobre 1927, à Bruxelles. Ce matin-là, Albert Einstein s'est levé d'une humeur toute particulière. Celle des grands jours. Il se sent léger. Rasé de frais, ajustant son nœud papillon, il se dirige vers le balcon. Avant de commencer la journée, il lui faut chasser les restes de nuit qui traînent encore dans les coins de la chambre. D'un seul geste, il ouvre en grand la fenêtre qui donne sur la place de Brouckère encore déserte. Une lame de soleil rose vient frapper les rideaux doucement remués par l'air frais. Einstein se déplie, tend les bras et inspire à plein nez le silence de l'aube. Tout à coup, cette pensée lui vient, toute simple : « Il y a un ordre derrière tout cela. Le hasard, ce mot d'origine arabe qui veut dire *coup de dés*, n'est pas le maître du monde ! » C'est une certitude. En tout cas, une bonne réponse à toutes les inepties qu'il a dû écouter la veille. Toutes ces idées

folles avancées par les défenseurs de la mécanique quantique le font sourire. Bohr en tête.

Niels Bohr !

Einstein lâche un petit rire, mi-admiratif, mi-agacé. Ce diable de savant danois a réussi à entraîner derrière lui certains des meilleurs physiciens du moment, les Heisenberg, les Born, les Pauli et même son vieil ami Ehrenfest. Tous se disent pompeusement « de Copenhague », cette ville glaciale où Bohr a son laboratoire. Mais cette fois, il a de quoi leur clouer le bec. Frôlant le tapis à pas légers, il se frotte les mains et se dirige alors vers la table de nuit où sont empilés ses croquis et ses notes. Il a travaillé jusqu'à une heure avancée à l'expérience de pensée dont il se prépare à développer le détail devant ses adversaires. La journée qui vient est cruciale. C'est la dernière du Conseil Solvay, ce congrès extraordinaire qui, depuis le lundi 24 octobre, réunit les plus grands savants du monde, la fine fleur des physiciens et des mathématiciens. Parmi ces savants d'exception, il y a bien sûr Niels Bohr, auquel il s'efforce de tenir tête depuis trois jours. Il y a aussi tous les autres : Marie Curie, Paul Ehrenfest, Arthur Compton, Hendrik Lorentz, Paul Langevin, Louis de Broglie, Paul Dirac, Max Planck, Erwin Schrödinger, Max Born... Presque tous sont déjà des chercheurs de légende.

Ils sont 29 en tout. Pour la plupart, ils ne le savent pas encore, mais 17 d'entre eux seront distingués par le prix Nobel.

*

Son paquet de notes sous le bras, Einstein se hâte à petites enjambées vers la salle à manger Art déco de l'hôtel Métropole. Aujourd'hui encore, il lui faudra batailler ferme pour imposer ses idées. Malgré son prix Nobel de 1921, il n'ignore pas toutes les critiques suscitées par la théorie de la relativité, en particulier le fait que certains physiciens allemands extrémistes la considèrent comme une « théorie typiquement juive ». Il se souvient des attaques particulièrement violentes auxquelles l'ont soumis deux physiciens allemands, pourtant prix Nobel, eux aussi : Philipp Lenard dont les travaux sur les quanta de lumière avaient inspiré Einstein en 1905, et surtout Johaness Stark qui avait découvert la décomposition des raies spectrales par un champ électrique. Ces deux physiciens de renom, bien en place, étaient progressivement devenus des antisémites acharnés. Ils avaient fondé une organisation appelée « La Physique allemande » dont le seul objectif consistait à démolir la « physique juive » d'Einstein (et seulement celle-là). Dans la soirée du 24 août 1920, le groupe mit en route à grand tapage une conférence dans la salle du prestigieux Philharmonique de Berlin afin de « nettoyer une bonne fois pour toutes la physique des théories juives d'Einstein, ce soi-disant savant qui n'était qu'un charlatan et un plagiaire[1] ! » Venant de deux prix Nobel, l'attaque faisait très mal. Curieux de découvrir le visage de ses ennemis, Einstein décida alors d'y assister en compagnie du physicien et chimiste Walther Nernst (lui aussi prix Nobel en 1920). Caché au fond d'une loge privée, Einstein ne perdra pas un mot de cette étrange « conférence » tout au long de laquelle il a été littéralement ridiculisé et traîné dans la boue par ses collègues en route vers le nazisme. Ces fanatiques lui reprochaient, entre autres, de « berner l'esprit humain en lui faisant croire que le hasard n'existait pas[2] ».

*

Or sept ans plus tard, ce matin du 29 octobre 1927, c'est encore la question du hasard

---

1. Philipp Lenard, *Ideelle Kontinentalsperre*, Munich : Franz Eher & Sons, 1940.
2. Idem.

qui domine tous les esprits. Il est à peine 7 heures mais la plupart des conférenciers ont déjà pris place autour des tables. Une bonne odeur de café chaud flotte près des samovars servis par le maître d'hôtel. Au moment où il glisse sa tasse sous le bec de cygne, il aperçoit Hendrik Lorentz, assis très droit à la table centrale. Depuis le premier Conseil Solvay de 1911, il n'en a jamais manqué aucun. Mieux : il les a tous présidés. Entouré de ses collègues, il est si digne dans son smoking, si grave, si solennel avec son écharpe et son col cassé. Le vieux savant incline légèrement la tête en signe de bienvenue. Einstein répond par un léger sourire mêlé d'une sorte de compassion inattendue. Il vient de remarquer, à l'instant, les veines saillantes sur les mains si pâles, presque transparentes, du vieil homme. Lorentz ! Légendaire prix Nobel de physique en 1902. Sa barbe nette, géométrique, très blanche, lui trace le visage, vide ses joues, taille tous ses traits jusqu'à donner une ardeur étrange à son regard noyé dans l'ombre. Il y a quelque chose d'infiniment *barbelé* sur ce visage-là. L'air sévère, abstrait, infranchissable, du vrai savant. Hier après-midi, il a présenté à ses collègues les problèmes de la causalité, du déterminisme et des probabilités.

Si parfois ses explications sont restées chaotiques, à d'autres moments, au contraire, il a ébloui ses pairs avec ses analyses d'une clarté définitive. Comme Einstein, il ne pense pas que la réalité puisse être incertaine, floue, indéterminée. Allons donc ! Il croit aux lois de la physique et il le dit haut et fort. Pour lui, l'Univers repose sur des solutions exactes : il est calculable, déterminé, prévisible. Pris d'une soudaine envie d'aller lui parler et de partager ses idées, Einstein s'approche mais voilà que Bohr le croise et le saisit par le bras en lui disant joyeusement : « Venez donc à ma table, Albert. Il faut absolument que nous reprenions notre discussion d'hier ! »

Quelques instants plus tard, un croissant encore tiède à la main, Einstein écoute d'un œil distrait, un peu vague, les arguments compliqués de Niels Bohr. Le physicien danois tente de le convaincre qu'il est impossible de se faire une image précise de la réalité physique. Qu'à l'échelle des atomes, on ne peut plus parler que de probabilités. Puisque le monde repose sur des particules dont le comportement échappe à toute prévision, alors cela signifie que le réel profond n'est pas connaissable. Qu'il obéit à des phénomènes aléatoires. Que dans l'infiniment petit, il n'y a aucun espoir de prédire quoi que ce soit avec certitude. Et que les événements s'y produisent de façon aléatoire, au hasard.

Einstein n'en finit pas de s'étonner. Comment ce diable de Bohr, lui qui est si intelligent, peut-il tenir un tel discours ? Est-ce qu'il pense *vraiment* ce qu'il dit ? Mais dans quel univers vit-il ? En croquant la dernière bouchée de son croissant, le père de la relativité sort alors son paquet de notes et brandit un croquis sous le nez étonné de Bohr avant de lancer : « Et ça ? Est-ce que vous y avez pensé ? » Autour d'eux, un petit groupe vient de se former. Les joutes entre Bohr et Einstein sont déjà légendaires. Elles font les délices de ce cinquième Conseil Solvay. Einstein ne veut pas croire que le monde est indéterminé. L'idée selon laquelle, tant qu'elles ne sont pas observées, les particules se trouvent « partout à la fois » lui paraît totalement absurde : « C'est comme si vous me disiez que tant que la carpe n'a pas mordu à l'hameçon, elle est partout dans l'étang ! Tout cela ne tient pas debout ! » Par là, il voulait surtout dire que si l'on connaissait toutes les lois qui gouvernent l'Univers et les éléments qui le composent, alors il deviendrait possible de prédire *exactement* son évolution. Selon lui, le hasard résulte de variables cachées que nous ne voyons pas. C'est la raison pour laquelle, ce beau jour d'octobre 1927, dans la salle à manger de l'hôtel Métropole, entre un croissant et une gorgée de café, il déclare devant tous ses collègues que la mécanique quantique ne peut pas être considérée comme une théorie achevée. A ses yeux, il lui manque quelque chose d'essentiel : puisqu'elle ne peut décrire correctement la réalité, alors elle doit tout simplement être considérée comme *incomplète*.

*

A présent, le groupe est compact. On se presse autour de la table. Nul ne veut perdre un mot de ces échanges historiques entre les deux hommes. Jetant un coup d'œil complice à Schrödinger qu'il sait acquis à ses idées, Einstein s'enhardit et poursuit avec enthousiasme : « Iriez-vous jusqu'à me dire que c'est "par hasard" que la carpe mort à l'hameçon ? »

Sur le moment, Bohr garde le silence. Einstein sait qu'il vient de marquer un point. Prenant une profonde inspiration, il lance alors à voix forte une formule qui deviendra célèbre : « *Gott würfelt nicht !* » Dieu ne joue pas aux dés ! Cette fois, le trait d'esprit est parfait. Einstein est tellement fier de sa formule qu'il l'a déjà utilisée à plusieurs reprises.

En particulier dans une lettre envoyée à son ami Max Born en 1926. Il sait que cette petite phrase peut faire vaciller n'importe quel adversaire. Bohr hésite et repose lentement sa tasse de thé sur la table. Il lui faut quelques instants avant de reprendre ses esprits et de répondre avec un léger sourire : « Mais qui êtes-vous donc, mon cher Albert, pour dire à Dieu ce qu'il doit faire ? » Un rire léger parcourt la salle. On se détend. On murmure. Les uns tapotent l'épaule de leur voisin, d'autres se retournent en riant vers un ami trois rangs derrière. Mais tous savent que les deux adversaires n'en resteront pas là. Dans une heure, ils seront à nouveau face à face derrière les hautes murailles de l'Institut de Physiologie où se déroule le congrès. A peine quelques jours plus tard, le 3 novembre 1927, Ehrenfest écrira à trois de ses étudiants : « Bohr a surclassé tout le monde. (...) Ce fut pour moi un vrai délice d'assister aux conversations entre Bohr et Einstein. Comme une partie d'échecs. Einstein avait constamment de nouveaux exemples (...) pour casser la relation d'incertitude. Bohr au milieu d'un nuage de fumées philosophiques cherchant constamment de nouveaux outils pour écraser un exemple après l'autre. Einstein comme un diablotin à ressort, bondissant frais et dispos tous les matins. Oh, ça n'avait pas de prix[1]. »

Et à 10 heures précises, l'affrontement verbal reprend. Bohr ne lâche rien. Quant à Einstein, il est inébranlable. Au tableau noir, il renvoie toutes les balles. Souriant, il trouve immanquablement la parade et propose toujours une nouvelle expérience de pensée susceptible de disqualifier les arguments de son adversaire. Pour lui, la nature n'est jamais incertaine. Elle n'hésite pas à obéir aux lois qui la gouvernent et la déterminent. Décidément, les hypothèses folles de Bohr et de sa clique lui paraissent de plus en plus suspectes. Plus il y pense, moins il supporte l'idée que dans l'infiniment petit, il soit impossible de prédire les événements et que, dès lors, la réalité profonde soit entièrement livrée au hasard. Ce n'est tout simplement pas possible. A tel point qu'il écrira plus tard : « Cette théorie me rappelle un peu le système d'illusions d'un paranoïaque excessivement intelligent, concocté à partir d'éléments de pensée

---

1. La lettre d'Ehrenfest est reproduite en ligne : www.bibnum.education.fr/physique/physique-quantique/le-congrès-solvay-de-1927-petite-chronique-d'un-grand-événement

totalement incohérents[1]. » Qu'on se le dise :
jamais Einstein ne prendra la moindre part à
cette comédie grotesque.

La discussion se prolonge toute la matinée.
Pendant le déjeuner offert aux participants du
congrès par le roi Albert Ier, on murmure ici et
là qu'Einstein a été contraint de se résoudre aux
arguments de Bohr. Et pourtant, à la fin du re-
pas, alors que le roi s'apprête à porter un toast
afin de célébrer le succès du cinquième Conseil,
Einstein lui souffle dans un franc sourire : « Ce
congrès ne m'a pas toujours permis de répondre
clairement à la question de savoir si, oui ou
non, Dieu avait le choix de créer l'Univers[2]. »

*

Presque quatre-vingt-dix ans après la mémo-
rable cinquième Conférence Solvay de physique,
le débat ouvert par Einstein n'a rien perdu de
sa force. La question est simple, mais singuliè-
rement profonde : l'Univers est-il « ordonné »

---

1. Lettre d'Albert Einstein à Daniel Lipkin, 5 juillet
1952, citée in Arthur Fine, *The Shaky Game. Einstein
Realism and the Quantum Theory. Science and its Concep-
tual Foundations*, University of Chicago Press, 1986.

2. In *Einstein on Peace*, Otto Nathan et Heinz Norden,
éd., New York : Schocken Books, 1960.

(auquel cas, il devient possible d'en conclure qu'il a un sens) ou, au contraire, est-il livré au hasard (et dès lors, son existence même n'a pas le moindre sens et on en conclut qu'il est absurde). Chaque camp a ses partisans convaincus. Pour ce qui est du hasard, dès les années 1870, le biologiste Thomas Huxley (qui n'est autre que le grand-père de l'écrivain Aldous Huxley) défend résolument l'idée selon laquelle l'évolution de la vie et, plus généralement, celle de l'Univers tout entier, dépendent entièrement du hasard. Ami proche de Darwin, il n'a aucun mal à faire entendre ses hypothèses dans les cercles académiques. A tel point que ses idées seront reprises plus tard (vers 1907) par le mathématicien français Emile Borel. Certes, le fait que Borel soit à la fois député, ministre et membre de l'Académie des sciences, ne le place pas d'emblée dans le premier cercle des scientifiques *purs* qui seront invités aux Conseils Solvay. Il n'a jamais rencontré Heisenberg, Pauli ou Bohr. Cependant, cet homme influent, expert du calcul de probabilités, finit par faire entendre ses idées. Il veut montrer que dans l'Univers, le hasard joue bien le premier rôle. Pour cela il propose le « théorème » (c'est en tout cas le nom qu'il donne à sa démonstration) du « Singe Savant ». Ses calculs lui permettent, dit-il, d'affirmer que si on laisse un troupeau de singes taper au hasard sur le clavier d'une machine à écrire, ils finiront par rédiger tous les ouvrages de la Bibliothèque nationale : il suffit de leur laisser assez de temps pour cela. Toutefois, il a été largement démontré depuis que ce « théorème » et les calculs savants qui l'accompagnent sont totalement faux : même en imaginant qu'ils disposent de milliers ou de millions d'années devant eux, en tapant au hasard sur le clavier, les singes ne produiront jamais que des suites de lettres dénuées de toute signification.

De leur côté, au contraire, les défenseurs de l'hypothèse d'un ordre profond qui exclut toute forme de hasard, avancent, eux aussi, des calculs particulièrement troublants. Or comme on le verra plus loin dans ce livre, il se trouve que l'un de ces défenseurs d'un ordre cosmologique profond n'est autre que le physicien russe George Gamow. Il a participé en 1933 à la Conférence Solvay et a pu partager ses idées avec tous ses illustres collègues, Einstein en premier. Selon Gamow (qui a publié en 1954 une surprenante découverte sur le code génétique), il était impensable que la vie ait pu apparaître par hasard sur la Terre. Pour en convaincre son entourage, il répétait ce chiffre à qui voulait l'entendre : la probabilité selon laquelle la molécule d'ADN se serait assemblée « par hasard » est de 1 sur 10 puissance 40 000. C'est-à-dire 1 suivi de 40 000 zéros ! Ce chiffre est tellement immense qu'il n'a évidemment plus aucun sens physique (surtout si l'on se souvient, avec Eddington, que le nombre total de particules élémentaires dans tout l'Univers n'est « que » de 10 puissance 80).

C'est d'ailleurs dans le même sens que le biologiste américain Richard Dawkins (bien connu, cependant, pour ses positions évolutionnistes) reconnaît que la probabilité pour qu'une simple molécule d'hémoglobine s'assemble d'elle-même, par hasard, est de 1 contre 10 puissance 190 !

Ces chiffres semblent donc exclure toute forme de hasard. Comme si l'Univers lui-même « calculait » indéfiniment les événements qui émergent dans la réalité. Y compris les choses les plus banales. Comme nous l'avons écrit dans un ouvrage précédent, à chaque pas d'une promenade innocente à la campagne, nous entrons dans ces « calculs de la nature », sans même nous en rendre compte. En hiver, par exemple, un mystère particulièrement troublant se manifeste dans un simple tourbillon de neige. Car chaque flocon y est unique : depuis qu'il neige sur notre monde (c'est-à-dire des milliards d'années) il n'y a jamais eu deux flocons identiques. Et pourtant, tous ces cristaux de neige, sans aucune exception, forment une figure à six sommets. Jamais cinq ou sept. En somme, une sorte d'étrange « programme » impose mystérieusement la même structure géométrique à chacun de ces milliards de flocons qui tombent sur un paysage, tout en laissant apparaître, d'un cristal à l'autre, les variations infinies qui les rendent tous différents et uniques. De la même manière, en été, ce sont les fleurs qui nous intriguent : le nombre de leurs pétales est rigoureusement déterminé, sans la moindre erreur possible, par une constante mathématique qu'on appelle *le nombre d'or*. Une marguerite peut avoir 5, ou 8 ou encore 13 pétales. Mais *jamais* 10 ou 11. Comment est-ce donc possible ? Le hasard est-il capable, à lui seul, d'ordonner les choses avec un tel succès ? Comment se faire une idée à peu près juste de cette réalité profonde qui nous entoure ? Comment avoir un point de vue un peu assuré sur cette question si difficile de l'ordre et du hasard ?

Le hasard ?

Personne ne peut sérieusement nier son rôle dans l'évolution de la vie. La sélection naturelle qui a fait la gloire de Darwin repose bel et bien sur ce que, faute de mieux, on appelle le hasard. Tous les jours, du matin au soir, nous baignons dans une sorte de flou imprévisible d'où surgissent, à chaque instant, des événements « hasardeux ». Par exemple, vous rencontrez « par hasard » dans la rue quelqu'un que vous n'avez pas vu depuis des années.

Mais est-ce *vraiment* par hasard ?

Il nous est assez simple de comprendre qu'en examinant de près l'ensemble des causes qui déterminent notre rencontre « fortuite », on va peu à peu réduire la part du hasard. Mais alors, est-ce que le « vrai » hasard, le hasard *pur* existe ? Allons-nous le trouver dans le monde des atomes ? Où dans celui des étoiles ?

Nous allons découvrir que depuis peu, il existe de nouvelles pistes à suivre dans ce labyrinthe étrange, énigmatique, que nous propose l'Univers. Vous verrez, par exemple, qu'une simple photo de votre dernière soirée envoyée par l'un de vos amis sur votre page Facebook peut initier un mystère auquel vous étiez loin de vous attendre. Pourriez-vous deviner, par exemple, que les visages familiers qui apparaissent sur cette photo si banale deviennent indéchiffrables dès lors qu'on les réduit à ce qu'ils sont *réellement* : une suite infernale de 0 et de 1, répétée des milliers de fois, dans un ordre apparemment aléatoire ? Vous qui utilisez votre ordinateur tous les jours, est-ce que, pour autant, vous *savez* que l'image à l'écran n'est pas la réalité et que l'essence profonde de ce que vous interprétez vous est totalement inaccessible ?

De la même manière, nous le verrons plus loin, ce qui est vrai pour les images à l'écran de votre ordinateur l'est tout autant pour la réalité qui nous entoure : l'essence profonde de tous les objets que nous côtoyons tous les jours nous échappe. A commencer par le siège sur lequel vous êtes assis. De quoi est-il fait ? On croit le savoir : il y a du cuir, du plastique, des ressorts de métal, etc. Or, tous ces matériaux, on le sait, se décomposent en molécules. Déjà à ce stade, la représentation n'est pas si simple. Mais les choses se compliquent encore dès que vous tentez de décomposer ces molécules en atomes. Et ce n'est pas fini : « au-dessous » des atomes il y a encore autre chose. Des particules élémentaires, des électrons, des protons, des neutrons. A présent, ce que vous voyez, c'est surtout du vide. Si vous regardez « vers le haut », le tissu de votre chaise est immensément loin. Et le pire, c'est que les atomes de ce tissu sont exactement *les mêmes* que ceux qui composent le bois, le métal des ressorts, etc. Ce qui, dans notre monde, à notre échelle, représente une chaise cohérente n'est plus qu'un effroyable essaim de particules tourbillonnant dans tous les sens. Un essaim auquel vous ne comprenez plus rien et dont vous êtes bien incapables de dire qu'il forme une chaise. La seule chose qui compte, ce sont les interactions entre toutes ces particules. C'est là que nous retrouvons l'incertitude de Heisenberg et cette indétermination quantique qu'Einstein n'a jamais voulu accepter. Mais que se passe-t-il si nous descendons à un niveau encore plus profond ? Là, comme le disait le physicien James Jeans, « la matière n'est plus qu'une immense pensée[1] ». Nous allons retrouver nos 0 et nos 1 décrits par les théoriciens de la physique numérique : les particules élémentaires elles-mêmes et leurs interactions se réduiraient à un codage numérique, à des « bits » d'information. Qu'en est-il alors à ce niveau fondamental de la réalité ? Peut-on dire qu'elle est « codée » ? Et dès lors, y a-t-il encore place pour le hasard ?

Pour certains, la forme ultime du hasard, c'est le chaos. Mais les choses ne sont pas si simples. Depuis quelques années a émergé en sciences la désormais célèbre théorie du chaos.

---

1. In *The Universe Around Us*, Cambridge University Press, 1929.

Ceci n'aurait jamais été possible si les phénomènes dits chaotiques n'obéissaient pas eux-mêmes à des lois. Certes, elles sont extrêmement difficiles à déchiffrer, mais elles existent. Au cœur des volutes incertaines de la fumée d'une cigarette. Dans la chute erratique d'une feuille d'arbre ou dans le tourbillon d'un nuage par un jour de tempête. Presque irrité qu'un doute puisse encore subsister, le mathématicien Ian Stewart, de l'université de Warwick, martèle à qui veut l'entendre : « Le chaos dans la nature est encadré par des règles. Par le passé, la science a eu tendance à ignorer les phénomènes qui semblent se dérouler au hasard. Sous prétexte qu'ils ne sont pas clairement modélisables, ils ne pourraient pas être gouvernés par des lois simples. Mais ce n'est pas le cas. Il existe des lois simples, juste là, sous notre nez[1]. »

*

Vers la fin de ce livre, nous verrons que les théoriciens de l'information ont évalué à 10 puissance 120 le nombre de « bits » d'information qui composent la réalité de l'Univers

---

1. Ian Stewart, *Nature's Numbers : The Unreal Reality of Mathematics*, Weidenfeld & Nicolson, 1995.

tout entier. Se pourrait-il que ce phénomène ait un lien direct avec la question de l'ordre extraordinaire qui règne dans l'Univers ? Car si la réalité profonde, celle qui nous échappe et qui se situe bien au-delà de l'incertitude quantique, est *programmée* par une information, ne peut-on pas dès lors parler de la fin du hasard ?

Si nous considérons que le tissu profond de la réalité est plutôt de nature « digitale » que matérielle, nous serons dès lors conduits à nous tourner vers des entités numériques capables d'accueillir (en théorie) toute la complexité de l'Univers. On le verra, ces nombres inconcevables existent et leurs étranges propriétés bouleversent toutes nos intuitions : ce sont ces « êtres numériques » que, depuis peu, les mathématiciens appellent des « nombres-univers ». Il s'agit de nombres réels dans lesquels on peut trouver n'importe quelle succession de chiffres de longueur finie. Votre numéro de téléphone ? Bien sûr. Mais aussi *tout* ce qui peut exister. Par exemple, si l'on code en binaire (pour le transformer en une suite de 0 et de 1) le livre que vous tenez entre vos mains, vous le retrouverez dans un nombre-univers, sans une seule erreur ! Comment est-ce possible ? De même, comment expliquer qu'en fouillant bien (à condition de vous enfoncer assez loin dans le nombre-univers), vous finirez par en extraire toutes les cantates de Bach, le code génétique de votre chien ou encore tous les ouvrages jamais écrits ? Par quel miracle le nombre Pi contient-il, lui aussi, sous une forme numérique, tous les événements qui se sont produits – ou se produiront – dans l'Univers ? Comment rendre compte d'un tel prodige, sinon en acceptant, avec humilité, que ce vertige numérique sonne tout bonnement la fin de l'idée que nous nous faisons encore aujourd'hui du hasard ?

Dans les pages qui suivent, nous verrons que les convictions d'Einstein, celles qu'il a toujours défendues avec force, pourraient bien être confirmées par certaines approches audacieuses, en particulier toutes celles qui se fondent sur la théorie de l'information.

Le défi est immense.

Comment le relever ? Une première réponse va surgir des brumes de Londres. Un mathématicien de génie, père mythique de l'informatique moderne, nous y attend.

Chapitre 4

Le zèbre et le léopard

Par une froide soirée de janvier 1952, un homme à l'épaisse chevelure brune – presque encore un jeune homme – suit d'un pas perdu les sentiers de l'immense zoo de Londres. L'un des plus vieux du monde, tant son inauguration, le 27 avril 1828, remonte loin dans le passé. Parmi les 20 000 animaux du zoo, il y en a quelques-uns qu'on ne peut voir nulle part ailleurs, comme le grand diable de Tasmanie. Ils surgissent parfois du brouillard tels des monstres de légende. Heureusement, il y a des grillages pour les empêcher d'aller plus loin. Mais l'homme n'est pas là pour les créatures rares.

Il cherche autre chose.

Vaguement inquiet, le mystérieux visiteur jette un coup d'œil par-dessus son imperméable humide. Il a cru voir une ombre derrière lui. Serait-il suivi ? Depuis la fin de la guerre et le rôle qu'il y a joué, il lui arrive d'être approché par des gens qui viennent de loin. Parfois des Allemands. Mais surtout des espions soviétiques. Qu'est-ce qu'ils lui veulent ?

L'homme presse le pas. Le zoo ferme dans deux heures et le brouillard monte vite ce soir-là. Comme chaque semaine, il est venu chercher ici quelque chose. Quoi donc ? Une preuve. Il sait que s'il la trouve, le monde entier – du moins l'idée que nous nous en faisons – pourra en être changé du tout au tout ! Car il s'est mis en tête de réussir quelque chose d'encore plus important que tout ce qu'il a fait jusqu'alors. Cela fait des années qu'il ressasse cette question dans sa tête. A vrai dire depuis 1927, depuis qu'Einstein a lancé sous les voûtes de l'hôtel Métropole à Bruxelles la formule qui a mis le feu aux poudres : « Dieu ne joue pas aux dés. »

Une phrase incendiaire qui, depuis des années, brûle dans la tête de l'étrange visiteur du zoo de Londres. Jusqu'à l'empêcher de manger le jour. Et de dormir la nuit. De son côté, un quart de siècle plus tard, le père de la relativité est plus sûr de lui que jamais. Changer d'avis, lui ? C'est bien mal le connaître ! Mais pour autant, a-t-il raison ? La nature est-elle gouvernée par le hasard ? Ou bien est-elle déterminée en sous-main par « quelque chose » d'invisible ?

Qui donc est le maître du jeu ?

Désormais, le but de notre homme, presque sa raison d'être, c'est de trouver enfin une réponse. C'est pour cela qu'il rôde ce soir-là dans les brumes grisâtres londoniennes.

*

Le voilà qui émerge sur une butte. Poli, il fait un pas de côté et incline son front devant les vieilles dames à chapeau qui sursautent sur son passage. De temps en temps, relevant son imperméable, il donne un coup de pied distrait dans un ballon égaré qui roule par là. Encore quelques minutes de marche dans le smog et le voilà à bon port.

Chez les félins géants.

L'immense tigre du Bengale tourne soudain sa tête vers l'arrière et le regarde avec la fixité d'une étoile au fond de l'œil, regard étrangement basculé par-dessus les rayures noires de sa nuque. Plus loin le léopard des neiges se dresse, statufié sur ses pattes aussi larges que des raquettes, pour ne pas déraper sur les plaines glacées. Son pelage blanc taché de noir glisse en silence dans la brume.

Pour la millième fois, l'homme déplie son appareil photo et zoome méticuleusement sur les créatures. Très vite, les images s'entassent dans la chambre noire de l'appareil. Entre deux prises, il griffonne à la hâte quelques lignes illisibles sur son calepin. A-t-il ce qu'il voulait ? Toujours est-il qu'au bout d'une heure, l'étrange photographe remet sa mèche en arrière, range son appareil et tourne les talons. Quelques instants plus tard, il disparaît du terrain de chasse des félins.

*

L'homme du zoo, que les gardiens voient régulièrement depuis plusieurs semaines, s'appelle Alan Turing.

Turing !

Un nom qui, à lui seul, fait aujourd'hui légende. Les promeneurs qui le croisent sur les sentiers poussiéreux du zoo sont loin de se douter qu'il appartient au cercle très fermé des gens qui ont sauvé l'Angleterre durant la Seconde Guerre mondiale. Un cercle qui a peut-être même fait basculer le rapport de force entre les Alliés et les nazis.

De quelle façon ?

Ni par les armes ni par le jeu d'une stratégie politique compliquée. Rien de tout cela. Turing a ouvert son chemin vers la victoire par la seule force de son esprit. Et c'est avec cette force-là qu'il compte bien résoudre l'énigme du zoo de Londres.

Mais qui est-il donc ?

Un mathématicien. Mais pas n'importe lequel. Il suffit de le regarder un instant pour s'en rendre compte. Son regard sombre ? Il semble plonger très loin au-delà du réel ordinaire. Un avantage qui a fait de lui un petit génie dès la première enfance. Les voisins racontent qu'à deux ans, il a appris à lire tout seul en un temps record, moins de trois semaines ! Encore en barboteuse, le petit Alan commence à passer d'une langue à l'autre avec une facilité qui stupéfie tout le monde. Où a-t-il donc appris ces mots de français ? A six ans, il a déjà grimpé quatre à quatre les échelons scolaires, sautant d'une classe à l'autre à toute vitesse. Pour la directrice de l'école Saint Michael, aucun doute, Alan est un génie ! Le reste suit.

A seize ans, premier choc, et non des moindres. Turing découvre la théorie de la relativité. Il plonge avec délice dans les équations et finit par en retirer une connaissance telle que même ses professeurs, estomaqués, se tournent vers lui lorsqu'ils butent sur une difficulté. D'une grande gentillesse, Alan est toujours prêt à répondre. Toujours là pour donner un coup de main. Mais les destins au long cours ne suivent pas nécessairement une ligne droite. Le prestigieux Trinity College de Cambridge lui refuse sèchement l'entrée. Motif ? Il avance à cloche-pied dans les matières classiques. La mort dans l'âme, Alan devra alors se rabattre sur King's College, nettement moins coté. Pourtant, c'est un vrai coup de chance. Car celui qui va devenir son professeur de mathématiques n'est autre que le grand Godfrey Hardy. Celui qui a découvert en 1914 le fabuleux Ramanujan (Turing n'avait alors que deux ans) et qui a propagé sa légende de calculateur miracle aux quatre coins du monde. Pour la physique, il y a sir Arthur Eddington, celui qui, en 1919, grâce à une observation spectaculaire, a montré à tous qu'Einstein disait vrai. Avec de tels mentors, les choses s'accélèrent. A vingt-trois ans, en 1935, le voilà « fellow » (c'est-à-dire enseignant chercheur) de King's College. Pour la première fois, il commence à avoir le temps d'organiser ses idées. Or, quelque chose le tracasse. Comme tous les étudiants en science, il suit avec avidité le développement de cette nouvelle physique de l'infiniment petit qu'est la théorie quantique. Mais les conclusions du fameux Congrès Solvay le laissent perplexe. Qui faut-il croire ? Ceux qui, comme l'ombrageux Niels Bohr, affirment que dans ses profondeurs, la nature est gouvernée par le hasard ? Où bien faut-il suivre Einstein lorsqu'il affirme que Dieu ne joue pas aux dés ?

Or, l'année suivante, vient le grand moment. Il va publier son premier article[1]. Quelques pages lumineuses qui, d'un seul coup, vont le faire connaître dans le monde entier. Mais surtout, pour la première fois, il va avoir l'occasion de faire pencher la balance à propos de cette troublante question du hasard.

*

De quoi s'agit-il ? En fait, Turing a apporté une réponse – et quelle réponse – à un problème posé quelque temps plus tôt par le maître de l'université de Göttingen, David Hilbert. Voilà près d'un demi-siècle que le mathématicien charismatique règne depuis son légendaire bastion en Basse-Saxe. Or, la question qu'il a posée en cette année 1936 est passionnante : existe-t-il des propositions vraies que l'on ne peut pas démontrer ? La réponse de Turing

---

1. « On Computable Numbers, with an Application to the Entscheidungsproblem », *Proceedings of the London Mathematical Society*, 2ᵉ série, vol. 42, 1937.

éclate comme un coup de tonnerre : oui, de telles propositions existent. Dans la foulée, il fait un clin d'œil à cet immense expert de la théorie des nombres qu'est Hilbert en démontrant qu'il existe des nombres réels qui ne sont pas calculables. Ce résultat n'est pas anodin. D'abord, il s'emboîte à merveille dans le stupéfiant théorème d'incomplétude, publié en 1931 par le logicien de Vienne, Kurt Gödel. Mais surtout il nous montre, pour la première fois, qu'il peut exister des choses réelles, parfaitement définies, mais que nous ne pouvons pas – ne pourrons jamais – connaître. Est-ce que ça veut dire que ces choses sont livrées au hasard ? Bien sûr que non ! Simplement, elles sont inconnaissables et nous échappent à jamais.

Brusquement propulsé au sommet, Turing se voit offrir sur un tapis rouge l'entrée dans la plus grande université américaine, Princeton. Il y passe sa thèse de doctorat avec éclat en 1938. Son sujet lui donne l'occasion d'approfondir les résultats de son fameux article. Une question tout de même reste ouverte. Peut-être bien que le hasard n'existe pas dans le monde mathématique. Peut-être bien qu'à la place, il n'y a que de l'*indécidable*. Mais que se passe-t-il dans le monde physique ? Dans la vraie vie ? Apporter une réponse solide touchant à notre réalité matérielle – savoir si Dieu ne joue pas aux dés –, c'est une tout autre affaire ! Mais le défi galvanise Turing. Et il se jure de le relever.

Le monde va-t-il enfin avoir la réponse ? Hélas, le sort en a décidé autrement. L'année 1939 arrive, avec son lot de catastrophes. L'Europe d'abord puis, très vite, le reste de la planète vont être rattrapés par la guerre. Pour Turing, l'heure du retour en Angleterre a sonné. Puis, comme des millions d'autres, le voilà à son tour pris dans la tourmente.

*

Son combat, il va le mener dans la fameuse Hutte 8, derrière les murs impénétrables de Bletchley Park, quartier général du service du Chiffre britannique. Un véritable Etat dans l'Etat. Ultra-protégé, le but unique des différents services rassemblés sous la bannière de la *Government Code and Cypher School* est de percer les codes secrets, essentiellement ceux de l'armée allemande. La tâche est écrasante. Et d'une certaine façon, elle place Turing dans un face-à-face impitoyable avec un monde aléatoire. Il le dira plus tard, c'est dans un combat féroce, sans merci contre le hasard, qu'il s'est engagé. En profondeur, ce qu'il oppose au hasard, c'est l'*information*. Là où il y a de l'information, il n'y a plus de hasard ! Ses armes ? Les mathématiques ! Heureusement, il n'est pas seul. A ses côtés, il y a Dilly Knox, un briseur de codes de haut vol. A eux deux, retroussant leurs manches, ils vont s'attaquer au redoutable système Enigma.

De quoi s'agit-il ?

D'une machine. Plus exactement d'une série d'appareils électromécaniques portables, inventés par un ingénieur allemand à partir de 1919, et qui connaîtra plusieurs versions au début des années 1920. A l'intérieur du boîtier se trouvent une série de pièces tournantes, des rotors électriques, qui permettent de chiffrer les messages codés (puis, avec un peu de chance et beaucoup de travail, de les déchiffrer). Toute l'armée allemande est équipée de ces machines reliées à l'état-major de Berlin. Et elle les utilise pour faire circuler toutes ses informations au nez et à la barbe des Alliés. Aussi, Churchill tape-t-il du poing sur la table : il faut coûte que coûte percer le secret d'Enigma. Il en va du succès de la guerre.

Mais comment faire ?

Turing et Knox sont atterrés. Il existe 159 milliards de milliards de combinaisons possibles. Un cauchemar ! La solution se trouve donc nécessairement dans les entrailles de la machine. Pour réduire le champ du hasard, il faut comprendre la logique interne d'Enigma. Mais comment choisir parmi les 336 réglages initiaux possibles des rotors ? Et surtout, comment régler ces satanées fiches du tableau des connexions ? Turing est au désespoir. Le hasard triomphe. De quoi se cogner la tête contre les murs. Il faut à tout prix extraire de ce nuage aléatoire un chemin logique. Le seul qui puisse exister sur des millions et des millions de passages fantômes.

Et c'est là que, pour la seconde fois de sa vie, Turing a un éclair de génie. Un éclair qui va foudroyer le hasard ! Que va-t-il faire ? Construire une bombe ! Une prodigieuse machine électromécanique qu'en secret il appelle une « bombe antihasard » ! A elle seule, la fameuse bombe est capable d'abattre chaque jour le travail acharné de 10 000 experts ès codes ! Chaque fois que les Allemands procèdent à un réglage des rotors pour envoyer un message, la bombe antihasard réagit électriquement. Elle sélectionne logiquement les mots probables, élimine les contradictions et les chaînes hors sens.

Grâce à son invention, Turing va voler de succès en succès. Au fil des années, il va améliorer par des méthodes statistiques (encore de quoi faire reculer le hasard !) les procédures de décryptage et trouver le moyen de déchiffrer les clefs d'accès aux réseaux. Résultat : durant pratiquement toute la guerre, presque tous les messages de l'armée allemande ont été déchiffrés, en particulier ceux de la Luftwaffe, dont les chiffreurs ne pesaient pas grand-chose face au redoutable Turing.

Dernier exploit – et non des moindres – de ce géant de la pensée : il va réussir à brouiller les informations échangées par les nazis. Cet ultime tour de force va grandement contribuer à désorganiser l'armée allemande. Grâce à Turing, la fin de la guerre se rapproche à grande vitesse. Désorientés, désormais incapables de communiquer secrètement entre eux, les Allemands capitulent. Ivre de rage, Hitler convoque les dignitaires du régime et dénonce, écrasant son poing ganté sur la table, l'idiotie criminelle des responsables d'Enigma. Mais une fois passées les vociférations, dans les bunkers secrets des techniciens et au sommet de la hiérarchie scientifique, on tire la cuisante leçon de ce qui s'est passé. On savait depuis longtemps qu'il n'y avait rien à faire. En face, l'adversaire était trop fort. Un mathématicien capable de s'infiltrer au cœur même du hasard, pour le détruire. Sans doute un génie, murmurent les savants hébétés. Jamais

ils n'arriveront à savoir comment Turing s'y
est pris.

*

Combien de vies Turing a-t-il sauvées ? Difficile de le dire. Mais le monde lui doit d'avoir
retrouvé la liberté et la paix en 1945. Son ad-
joint à la Hutte 8, Hugh Alexander (officier au
Foreign Office et, au passage, champion d'échecs)
écrira plus tard : « Il n'est pas permis de douter que les travaux de Turing furent le facteur
le plus important du succès de la Hutte 8. »
Mais ce héros discret n'en tire aucune gloire.
Modeste, il accepte un poste de simple consul-
tant à la *Government Code and Cypher School*.
Pour autant, la lutte de Turing contre le hasard ne fait que commencer. Dans la Hutte 8,
il a beaucoup appris. Sa philosophie ? Elle est
faite pour la vie et elle tient en une phrase :
quand il y a de l'ordre, il y a de l'information.
Et quand il y a de l'information, il n'y a pas
de hasard. On voit ici apparaître deux mots-
clefs, *ordre* et *information*. Il n'en fallait pas davantage pour tracer une nouvelle ligne dans le
destin de Turing. L'information ? Désormais sa
science, ce sera l'*informatique*. L'ordre ? Pour

faire de l'informatique, il construira des *ordinateurs*. Et plus rien ne l'arrêtera. Entre 1945 et 1948, il travaille d'arrache-pied au sein du National Physical Laboratory à la conception du premier « moteur de calculs automatiques ». Une excellente mise en jambes grâce à laquelle il prend la tête en 1948 du laboratoire d'informatique de l'université de Manchester. Une fois dans la place, il peut à nouveau s'exprimer à plein régime et se lance avec une incroyable énergie dans la programmation du Mark 1, l'un des tout premiers véritables ordinateurs au monde. Mais il ne s'arrête pas là. Il s'est mis en tête de concevoir une véritable « intelligence artificielle », dont il jette sur le papier l'architecture. Enfin, viennent le couronnement de ses idées prodigieuses et le franchissement de la frontière ultime. Celle qui, encore aujourd'hui, glace le sang des théoriciens de l'information. De quoi s'agit-il ? De quelque chose d'ultime et redoutable en effet : la conception d'une *conscience artificielle*. Pour cela, Turing donne une nouvelle fois les idées de base. Mais surtout, il propose un test, aujourd'hui connu dans le monde entier sous le nom de « test de Turing ». Celui-ci consiste en une confrontation verbale entre un homme et une machine. Si l'homme n'est plus capable de dire s'il parle avec un autre être humain ou avec une machine, alors celle-ci sera devenue consciente. En 1950, Turing a lancé une prophétie qui, aujourd'hui encore, peut faire frémir. Selon lui, un jour, « il n'y aura plus moyen de distinguer les réponses données par un homme ou un ordinateur et ce, sur n'importe quel sujet[1] ».

Avec les moyens dont il dispose en 1952, Turing est donc arrivé au bout de sa quête. Et pour lui, c'est une victoire. Mais ce n'est pas d'avoir inventé les tout premiers programmes informatiques du monde qui le rend heureux. Ce qui le comble vraiment, c'est qu'une nouvelle fois, grâce aux machines à traiter l'information, il a fait reculer le hasard. Comme il l'avait fait vingt ans plus tôt sur un plan purement mathématique en répondant à Hilbert.

Mais il lui reste encore une chose à accomplir. Une chose difficile. Mettre le hasard en échec dans la vie de tous les jours. Il y a plusieurs étapes pour y parvenir. Et la première passe par le zoo de Londres.

*

1. « Alan Turing : la pensée informatique », numéro spécial de la revue *Docsciences*, n° 14, juin 2012.

Nous retrouvons notre guerrier de l'information chez lui. Il vient de développer les photos qu'il a prises le jour même au zoo. Que nous montrent ces images ? Comme les centaines d'autres archivées sur un panneau, des bêtes sauvages photographiées au plus près. Turing reste longtemps silencieux. Il est perplexe devant ces motifs stupéfiants qui, comme « peints à la main », ornent le pelage des créatures. Des rayures ici. Des taches là. Des rosettes plus loin. Enfin, le savant se saisit de son précieux carnet. Pourquoi le tigre a-t-il des rayures alors que sur le dos du léopard, il y a des taches ? Pourquoi les zèbres exhibent-ils cette robe tellement criarde, rayée de noir sur fond blanc, alors que pas un seul cheval au monde – pourtant proche cousin du zèbre – n'a jamais eu la moindre rayure ? Après ces longs mois d'observations et de calculs, Turing tient la réponse. Elle a de quoi ébranler.

Les rayures ou les taches ne se développent pas au hasard ! Jamais.

Derrière ces motifs exhibés par les animaux – par votre chien ou votre chat de la même manière – il y a un « programme », qu'il a découvert. Plus exactement, une équation ! C'est elle, cette équation différentielle de diffusion, dont Turing donne la forme générale, qui règle minutieusement l'apparition des contrastes de couleur. Tout est dans l'activation du « colorant » (essentiellement la mélanine) au bon moment. Détail essentiel : Turing a découvert que les différents motifs sur le pelage ne dépendent pas que de la taille et de la forme de la région du corps où il se développent. Ainsi, l'étonnante équation de Turing montre que si la fabrication du pigment est lancée très tôt dans la vie de l'embryon, alors l'animal naîtra avec des rayures. Ou au contraire des taches si l'équation active la coloration plus tard.

Mais ici vient le plus étonnant. C'est la *même* équation qui contrôle les pelages de tous les animaux : les tigres et les zèbres, mais aussi les chiens, les chats, les souris et les éléphants.

Une équation unique.

Une fois de plus, le hasard est battu, et de quelle manière !

Durant l'été 1952, le génial mathématicien a divulgué ses fantastiques résultats dans un article publié au sein de la Royal Society of London[1]. Désormais, il est prêt à passer à la deuxième étape de son long combat contre

---

1. « The Chemical Basis of Morphogenesis », *Philosophical Transactions of the Royal Society of London*, vol. 237, n° 641, pp. 37-72, 1952.

l'aléatoire. Et cette fois, il est résolu à employer les grands moyens. Cette affaire de taches et de rayures n'était qu'un avant-goût, amusant certes, mais juste bon à donner une idée. S'il veut vraiment montrer qu'Einstein a raison, il va falloir passer à tout autre chose, plonger dans les méandres flous du monde quantique. Etait-ce ce qu'il avait en tête ? Nous ne le saurons jamais. Car un événement tragique, d'une tristesse infinie, va mettre brutalement fin à son exploration du hasard. Et à sa vie.

*

En 1952, la maison de Turing est pillée lors d'un cambriolage. Pris de court, le savant croit bien faire en portant plainte. Sans le savoir, il a mis le doigt dans un engrenage infernal. Turing est homosexuel et il ne s'en cache pas. Or, le cambrioleur n'est autre qu'un de ses anciens amants. Turing avoue tout naturellement la relation et sera *manu militari* inculpé de « perversion sexuelle ». Le terrible procès devient la cible de tous les journaux. Dans les radios du Royaume, on ne parle plus que de Turing et de son « vice ». Appelé en défense, son ex-collègue du Foreign Office met en lumière ses immenses qualités, tant intellectuelles qu'humaines. Mais le secret défense lui interdit de citer les hauts faits de guerre du malheureux héros et les services inestimables qu'il a rendus à l'Angleterre comme au monde entier. Finalement, le verdict tombe, terrifiant. Turing doit choisir : ou bien la prison (et pour longtemps) ou bien la castration chimique. Dévasté, les yeux bouillant de larmes, le pauvre Turing choisit la deuxième « solution ». Avec les dramatiques effets secondaires que l'invasion chimique va entraîner, sur son corps comme sur son esprit endolori.

Par un bien triste jour de 1954, ce prince de la pensée meurt empoisonné au cyanure. Les enquêteurs concluent au suicide. A côté du corps, se trouve une pomme à demi croquée. Elle n'est pas analysée. Etait-elle imbibée du poison mortel ? On ne le saura jamais. Pour certains historiens, il existe une analogie troublante entre la pomme de Turing et celle de *Blanche-Neige et les sept nains*. Un film qu'il aimait tant (tout comme le grand Gödel avant lui) et qui, justement, mettait en scène la fameuse pomme empoisonnée croquée par Blanche-Neige.

Ainsi s'est éteinte l'une des plus belles lumières, aussi l'une des plus pures, qui aient jamais brillé dans le ciel des humains.

En 2009, le gouvernement britannique a présenté des regrets pour le traitement à la fois cruel et absurde dont Turing a été victime et qui a abrégé ses jours.

Le 14 décembre 2012, dans une lettre au *Daily Telegraph*, onze scientifiques britanniques (parmi lesquels le physicien Stephen Hawking) ont appelé le gouvernement britannique à annuler sa condamnation.

Nous joignons ici notre voix aux leurs.

Dernier acte : le 19 juin 2013, le gouvernement britannique a fait savoir qu'il soutenait le projet de loi visant à accorder le pardon posthume à Alan Turing, « connu pour avoir brisé les codes secrets de l'armée allemande durant la Seconde Guerre mondiale ».

*

On ne saura jamais quelle voie le génial Turing aurait empruntée dans le troisième acte de sa guerre contre le hasard.

Ce qui est certain, c'est que ce merveilleux mathématicien s'intéressait de près aux nombres. De très près même. Parmi ces nombres qui le fascinaient, il y avait le plus familier mais aussi le plus étonnant de tous : le nombre Pi. A tout juste quinze ans, il avait redécouvert une méthode arithmétique pour le calculer. Or ce nombre transcendant est un peu comme un miroir qui reflète l'Univers entier. Il nous ouvre un nouveau chemin dans notre confrontation au hasard, car il renferme dans ses milliards de décimales un profond mystère. Lequel ?

Nous vous invitons à nous suivre pour le découvrir.

Chapitre 5

Le secret de Pi

Vous connaissez tous l'extraordinaire nombre Pi. Vous l'avez tous griffonné cent fois sur vos cahiers de classe. De quoi s'agit-il ? A première vue, d'un nombre tout bête : le rapport entre la circonférence d'un cercle et son diamètre. Rien de bien mystérieux.

Et pourtant...

Pi est bien plus que cela. Pour le mathématicien russe David Chudnovsky, l'un de ceux qui, avec son frère Gregory, s'est enfoncé le plus loin dans cet océan sans fond, « explorer Pi, c'est comme explorer l'Univers ». Et pour cause. Pi renferme, cachés dans ses milliards de chiffres, d'insondables mystères. Et un secret.

Lequel ?

C'est un nombre pur. Indifférent à la matière. Que pas un seul mathématicien, pas un seul homme au monde n'a jamais pu voir en entier. Car il égrène ses décimales à l'infini, pour l'éternité.

*

La véritable conquête de Pi commence par un beau matin de 1949. Cette année-là, le tout premier ordinateur du monde, le colossal ENIAC, haut comme un immeuble de cinq étages, met en branle ses dizaines de tonnes. Grinçant de toutes ses tôles, fumant entre ses grilles surchauffées, il se lance dans les calculs. A la manœuvre, surveillant avec un chiffon les 18 000 lampes du cerveau électronique qu'il a créé, le mathématicien de génie John von Neumann pousse les calculs. A la vingt-cinquième heure, il a fallu refroidir les entrailles d'ENIAC avec de la glace pilée. L'extravagant calculateur n'en pouvait plus et menaçait de mettre le feu aux cinq étages de l'immeuble qu'il occupait. Enfin, au bout de soixante-dix heures interminables, l'incroyable décompte s'achève tandis que les lampes claquent les unes après les autres. Pour la première fois au monde, ont été découverts 2 037 chiffres après la virgule. Le cap du million est franchi en 1973. Aujourd'hui, on est parvenu au nombre faramineux de 10 000 milliards de décimales calculées (le 10 000 milliardième chiffre derrière la virgule est un 5...). Au passage, on a fait bien des découvertes qui ont de quoi stupéfier. Un exemple ? Vous vous souvenez sans doute de cette curiosité évoquée dans l'introduction. La centième décimale de Pi est un 9. Jusque-là, rien d'extraordinaire. Mais tout se corse lorsqu'on réalise que la millième décimale est encore un 9 ! Enfin, on ne peut que froncer les sourcils en observant que la milliardième décimale – un milliard de décimales derrière la virgule – est à nouveau un 9 ! Le mathématicien canadien Simon Plouffe est l'un des meilleurs spécialistes mondiaux de Pi. Il en a récité par cœur en 1977 les 4 096 premières décimales, décrochant ainsi le record Guinness de l'année. Il a aussi découvert une nouvelle formule pour le calculer. Et après ces harassantes années d'exploration, pour lui comme pour les frères Chudnovsky, les répétitions de chiffres dans Pi ne sont pas de simples accidents. Ils veulent dire « quelque chose ». Mais quoi ? Seule solution pour espérer en savoir un peu plus un jour ou l'autre : continuer à creuser. A calculer de plus en plus loin l'effarante suite de décimales. Or, même si on comprend de moins en moins le sens de ce calcul démentiel, *impensable*, à mesure qu'on s'enfonce dans l'infini, la course aux chiffres ne rencontrera jamais aucune limite. Combien de décimales aura-t-on calculé dans un siècle ? Dans mille ans ? Si nous devions écrire le nombre Pi sur une feuille de papier, celle-ci ferait mille fois, un milliard de fois, une infinité de fois le tour de l'Univers sans que nous puissions jamais atteindre le dernier chiffre. Pourtant, ce nombre infini ne représente qu'un point – un point minuscule – entre 3 et 4 sur la droite des nombres réels. Mais il y a encore plus vertigineux. Quoi donc ? A première vue, les milliards de milliards de décimales de Pi semblent se succéder au hasard. Un 7 après un 2. Un 4 devant un 9, etc. Mais est-ce bien le cas ? Pour trouver la réponse – et quelle réponse – nous allons nous tourner vers un extraordinaire mathématicien russe, qui a vécu à peu près à la même époque que Claude Shannon. Son nom ? Andreï Kolmogorov. Ce qu'il va nous apprendre sur Pi va peut-être au-delà de tout ce que vous pouvez imaginer.

*

Kolmogorov est né dans l'Empire russe en 1903, une époque qui, entre famine et premiers soubresauts révolutionnaires, n'était pas la meilleure. D'ailleurs, le sort s'est acharné à rendre ses débuts difficiles. Sa mère ? Elle meurt en le mettant au monde. Son père ? Il est presque toujours absent et finira par disparaître un jour pour de bon en déportation. Résultat, le petit Andreï passe à un cheveu de la catastrophe mais sera finalement élevé par l'une de ses tantes. Etre obligé de se frayer seul dans la vie un chemin compliqué forge parfois d'étonnants destins. Premier ennemi, le froid, glacial en hiver. Par moins trente, une seule chose à faire, se calfeutrer à quelques centimètres du poêle et lire (au risque de se brûler les coudes ou de s'asphyxier avec les fumées noirâtres du charbon), de préférence, pour être tranquille, des livres dont personne d'autre ne veut. Et ce qui lui tombe en premier sous la main, ce sont des ouvrages de calcul. Bientôt il les dévore avec délectation. Et les résultats ne se font pas attendre. Dès le collège, Andreï surprend ses maîtres par l'étendue de ses connaissances et ses dons hors normes en mathématiques. Il n'a qu'une douzaine d'années mais déjà, il a réponse à tout. Il publie fièrement ses premiers articles dans le journal du collège. Pour couronner le tout, il fabrique des machines à mouvement perpétuel dont les astuces sont si habilement cachées au sein des rouages tournants que pas un de ses maîtres en mécanique n'a jamais pu les déceler. En 1920, le voilà jeune étudiant à l'université de Moscou, d'abord en chimie puis en mathématiques. Il y décroche son doctorat en 1929. C'est dans ces années de miel qu'il découvre l'œuvre magistrale de Ludwig Boltzmann. Et c'est le premier choc de sa vie. Mais ce n'est pas tout : en étudiant la fameuse formule gravée sur la tombe du mythique penseur autrichien, il réalise en 1949 que la même formule, à peu de chose près, permet de calculer l'information contenue dans un message ! En lisant l'article de Shannon, voilà que lui aussi est saisi par la conviction que l'Univers tout entier est construit selon une sorte de code bien précise. Mais laquelle ? Pour en découvrir quelques fragments, il commence alors sa formidable plongée dans l'océan des nombres. C'est là, dans les grandes profondeurs, qu'il jette les bases de la théorie qui va faire sa gloire : la théorie de la complexité.

A quoi peut-elle bien nous servir ?

Tout bonnement à découvrir si un nombre (ou une suite de caractères) est « simple » ou, au contraire, complexe. Autrement dit, un nombre est « simple » si la quantité d'opérations pour engendrer ce nombre est petite. Et là encore, tout comme l'information chez Shannon, la complexité de Kolmogorov est mesurée en bits.

Pour y voir clair, prenons le nombre Pi. Est-ce

qu'il est simple ou complexe du point de vue de Kolmogorov ? A première vue, Pi paraît absolument désordonné, n'obéissant à aucune loi. En réalité, il n'en est rien. On le sait depuis longtemps, Pi est un nombre qu'on peut facilement calculer. Par exemple, pour découvrir les 2 400 premières décimales, il suffit d'un programme informatique de 158 caractères. Conclusion : Pi est un nombre *simple* (ou encore, « compressible », pour parler comme Kolmogorov). La conséquence de tout cela, c'est que Pi est totalement déterminé, autrement dit, ses décimales ne surgissent pas au hasard. Par exemple, la dix millième décimale est un 8 (vous pouvez vérifier). Et il ne peut s'agir ni d'un 9 ni d'un 7. Et ceci est vrai pour *toutes* les décimales de Pi. A un milliard de rangs derrière la virgule. A mille milliards de rangs. Loin, de plus en plus loin dans l'immense océan des chiffres. Jusqu'à l'infini.

*

A ce stade, reprenons notre souffle. Quittons la Russie et retournons en Amérique, vers Claude Shannon. Si pour Kolmogorov, Pi est un nombre simple, en fait cela signifie que pour Shannon, son entropie – c'est-à-dire son désordre – est nulle. Qu'est-ce que cela veut dire ?

Cela signifie que Pi se comporte comme un message. C'est déjà ce que pensait au XVIIIᵉ siècle le grand mathématicien Leonhard Euler, qui a découvert une puissante formule pour calculer Pi. Puis, vers 1880, c'est aussi la certitude de Ferdinand von Lindemann, celui qui a prouvé que ce nombre hors du commun est transcendant. Mais quel secret cache donc Pi dans sa suite infinie de chiffres ? Quelque chose de fascinant. Quelque chose qui, peut-être, nous en dit long sur notre Univers. En effet, lorsqu'on examine de près la suite des décimales de Pi, on s'aperçoit que même si elle n'apparaissent pas au hasard, elles semblent se succéder de manière désordonnée. Un 5 ici. Un 3 là. Un 8 plus loin. Autrement dit, Pi n'obéit pas au hasard et pourtant, il l'imite à la perfection. Il le simule ! Pour certains mathématiciens, Pi est donc une clef qui pourrait nous permettre de comprendre l'Univers entier. Ou encore, pour parler comme le prix Nobel Max Born, de « déchiffer le langage secret de la nature[1] ». Car tout comme Pi, l'Univers pourrait donner l'illusion qu'il est livré au hasard alors qu'en réalité, tout y est déterminé. C'est par exemple ce que pense

---

1. Max Born, *Experiment and Theory in Physics,* Michigan University Press, 1943.

le physicien mathématicien britannique Stephen
Wolfram. Qui est Wolfram ? Un théoricien sur-
doué, qui a publié son premier article en physique des particules à quinze ans et a soutenu
sa thèse de doctorat tout juste cinq ans plus
tard à Caltech. Il est, entre autres, l'auteur du
fameux moteur de recherche intelligent Alpha
sur Internet. Voici ce qu'a dit de lui Gregory
Chaitin, autre mathématicien de renom, découvreur du nombre Oméga, un nombre incompres-
sible (et donc complexe, au sens de Kolmogorov) qui porte son nom : « Wolfram pense que
des algorithmes déterministes très simples expli-
quent toute la complexité apparente que nous
observons autour de nous, juste comme cela
se passe pour Pi. Il pense que le monde paraît
très compliqué mais qu'en réalité, il est extrêmement simple. Il n'y a pas de hasard, seulement du pseudo-hasard. Alors rien n'est contin-
gent, tout est nécessaire, tout ce qui arrive a
une raison[1]. »

De ce point de vue, Pi pourrait donc se comporter comme le fragment d'un code bien plus
général, réglant la marche de l'Univers entier.

---

1. « On the Intelligibility of the Universe and the Notions
of Simplicity, Complexity and Irreducibility », conférence à
la German Philosophical Society, Bonn, septembre 2002.

En somme, un « nombre-code ». Mais ceci débouche sur une nouvelle observation qui a de quoi nous laisser perplexe.

En effet, le problème ouvert par Turing n'est résolu qu'à moitié. Car si nous venons de trouver un ordre profond – un code – dans un nombre pur appartenant à l'univers abstrait des mathématiques, est-ce que cela veut dire que tous les nombres et, plus généralement, tous les phénomènes sont comme Pi ? Sur ce point précis, comme pour faire écho à ce commentaire de Chaitin sur Wolfram, deux mathématiciens, David Ruelle et Floris Takens, ont récemment montré que nombre de phénomènes considérés comme issus du hasard sont en réalité structurés par un ordre caché. Mais d'où vient cet ordre ? Se pourrait-il qu'un phénomène apparemment aussi chaotique que la chute d'une feuille soit gouverné par une influence invisible ? Une nouvelle surprise nous attend dans le chapitre qui suit. Elle sera de taille.

Chapitre 6

L'effet papillon

23 mai 1917. Ce jour-là, alors que le monde entier est plongé dans le chaos d'une guerre sans raison, nait un solide petit garçon appelé Edward. Un futur héros comme les aime l'Amérique. Il pousse ses premiers cris chez ses parents, dans leur petite maison en rondins, au beau milieu de nulle part. Son père, Edward Henri Lorenz a obtenu son diplôme d'ingénieur au MIT et aura une influence décisive sur les futurs talents de mathématicien de son fils. Mais ce jour de mai 1917, il est loin de se douter que ce bébé gazouillant au fond de son berceau fera un jour une découverte qui le rendra célèbre. Et encore plus loin d'imaginer que cinquante-cinq ans plus tard, son petit Edward s'apprêtera à partager sa formidable trouvaille avec le monde entier.

*

29 décembre 1972, à Boston. Il est tout juste 10 heures du matin. La 139e conférence organisée par l'Association américaine pour l'avancée des sciences vient de commencer. Vaguement intimidé par la foule qui se presse dans la grande salle Wilmington du Sheraton Park Hotel, le professeur Edward Norton Lorenz vient de prendre place sur l'estrade. Du revers de la main, il s'essuie le front avant de chercher une profonde inspiration très loin dans sa poitrine. Les feuillets de la conférence qu'il va donner dans un instant sont disposés dans l'ordre sur le pupitre, juste à portée de ses doigts. Sur la première page, on peut lire ce titre étonnant : « Prévisibilité : Est-ce que le battement d'aile d'un papillon au Brésil peut déclencher une tornade au Texas ? »

Pour comprendre ce qui a amené Edward Lorenz à faire une communication scientifique sous un titre aussi provocateur, il nous faut remonter jusqu'à l'enfance de ce savant hors du commun dont la découverte est aujourd'hui considérée par la plupart de ses collègues comme l'une des plus importantes du siècle.

Dès l'âge de quatre ans, il est fasciné par « les nuages dans le ciel ». Sa mère raconte qu'il n'a pas encore soufflé sa sixième bougie qu'il prend déjà l'habitude de lire chaque matin la température sur le vieux thermomètre suspendu à l'entrée de leur maison de West Harford, dans le Connecticut. A cette époque, le petit Edward sait tout juste écrire, mais il note scrupuleusement les creux et les pics de température sur son cahier d'écolier. En même temps que cette passion pour les nuages, la pluie, la neige ou le beau temps, Edward nourrit un intérêt grandissant pour les mathématiques. Aidé de son père, il s'amuse à résoudre des énigmes en tous genres et son esprit se tourne progressivement vers des jeux algébriques de plus en plus compliqués. A onze ans, le père commence à peiner dans certains calculs. A treize ans, il est complètement dépassé : le petit Edward se promène dans les équations différentielles comme dans un jardin. Après avoir obtenu son diplôme au Dartmouth College en 1938, il projette de passer son doctorat en mathématiques. Mais d'autres nuages que ceux du temps qu'il fait obscurcissent alors l'horizon.

La Seconde Guerre mondiale éclate : comprenant à peine ce qui lui arrive, Lorenz est brusquement enrôlé dans l'armée. Les premiers jours se passent mal. Un adjudant à la mâchoire carrée, manches relevées jusqu'à l'épaule, lui hurle ses ordres du matin en soir en jurant qu'il lui fera « regretter d'être venu au monde ! » Rampant dans la boue, blessé au sang par les interminables haies de barbelés, Lorenz est sur le point de tout lâcher lorsqu'un officier le remarque. Il a des diplômes, il serait logique de l'affecter à une fonction de prévisionniste. A l'époque, le « service des prévisions » de l'Army Air Corps ne compte qu'un vieux caporal passablement éméché du matin au soir et les instruments de mesure se limitent à un seul thermomètre accroché au mur d'une salle vide. Pourtant, sans le savoir, l'officier avait tapé juste. Aussitôt entré en fonction, Lorenz prend les choses en main. Il organise rapidement le service, exige d'étendre les locaux, crée de nouvelles fonctions, réclame du matériel : en quelques mois, le modeste service des prévisions devient l'un des départements les plus importants du régiment. Désormais, il compte des météorologues dignes de ce nom, des mathématiciens, des spécialistes des télécommunications et les officiers ne prennent plus une seule décision importante sans consulter Lorenz. Cet épisode militaire décidera définitivement de sa carrière : il deviendra *météorologue* et fera tout ce qui est en son pouvoir pour en faire une véritable science.

Enfin, vient la fin de la guerre. Les milieux universitaires ne crachent pas sur les anciens soldats, surtout si leurs états de service sont solides. En 1946 Lorenz rejoint alors le prestigieux Massachusets Institute of Technology où il devient assistant météorologiste. Même dans cette université d'élite, la météo en est encore à ses balbutiements : la « salle des prévisions » ? Elle ne contient qu'un simple baromètre accroché à un clou rouillé et les tentatives de prévoir le temps du lendemain se limitent à des estimations vagues et presque toujours fausses. Pendant deux ans, alors qu'il vient de passer sa thèse, Lorenz piétine. Convaincu que le temps n'évolue pas « au hasard », il ne parvient cependant pas à calculer efficacement l'ensemble des variables qui caractérisent une situation météorologique donnée. Résultat, il se trompe presque toujours. Mais cela ne l'empêche pas, en 1955, d'être nommé « directeur des prévisions », un poste ronflant qu'il pense alors ne pas avoir vraiment mérité. Pour prévoir le temps, il faut décrire les mouvements des masses d'air au moyen d'équations différentielles. Or c'était le problème : la plupart de ces équations à se taper la tête contre les murs n'étaient pas calculables et leur solution totalement hors de portée. A cette époque, les phénomènes atmosphériques semblent donc évoluer au hasard et il est tout à fait impossible de prévoir de manière fiable le temps qu'il fera le lendemain.

Passablement dépité, Lorenz est sur le point d'abandonner lorsqu'au début des années 60, tout change : les premiers « cerveaux électroniques », comme on disait à l'époque, arrivent sur le marché. Il devine tout de suite le parti qu'il pourra tirer de ces fabuleux calculateurs mis au point par le génial von Neumann : une machine capable de faire en une seconde le travail de 60 personnes, ça vaut la peine qu'on s'y arrête. Il devient enfin possible de mettre efficacement les mathématiques au service de la prévision. A force de taper du poing sur la table, il obtient du MIT que l'un de ces premiers « cerveaux électroniques » soit acheté par l'université et mis à sa disposition pour permettre de tester ses idées.

Sitôt le monstre livré et installé, très excité, Lorenz se met au travail. Sa fantastique machine lui permet de faire 60 opérations à la seconde[1] ! Elle dégage une chaleur infernale,

---

1. Des performances ridiculement petites face aux capacités d'un simple ordinateur portable, capable d'effectuer des dizaines de millions d'opérations par seconde, sachant que les machines qui équipent les centres météo de nos jours peuvent traiter mille milliards d'opérations à la seconde.

mais elle calcule. Jour après jour, Lorenz entreprend de construire un modèle mathématique du temps en utilisant un ensemble d'équations différentielles représentant les variations de température et de pression, la vitesse du vent, etc. A force de travail et de tasses de café, il parvient à écrire les rudiments d'un véritable « programme informatique » qu'il fera ingurgiter à son énorme « Royal McBee LGP-300 » qui occupe à lui seul une pièce entière du laboratoire. Les premiers résultats sont peu encourageants : calculant avec peine, dégageant une forte odeur d'ozone, chauffant de tous ses circuits, ses lampes explosant les unes après les autres, McBee est incapable de lutter contre le hasard et d'établir une prévision fiable pour le lendemain. Ses « prédictions » sont presque toujours fausses et lorsque, par chance, il tombe juste, Lorenz soupçonne l'un des assistants d'avoir faussé le résultat pour lui faire plaisir.

Le hasard semble régner en maître sur le ciel !

*

Jusqu'à ce beau matin de l'hiver 1961 où quelque chose va se produire. Comme le McBee

vient d'être équipé de tubes à vide plus perfor-
mants, Lorenz décide de lui donner du grain
à moudre. Or pour gagner du temps sur les
calculs, Lorenz n'avait programmé dans ses
équations que les trois premiers chiffres des
données, négligeant les millièmes dont les valeurs très faibles, selon lui, n'auraient aucune
influence sur le résultat final.

Or à sa stupéfaction, il allait découvrir que
ce changement minime dans les conditions initiales allait engendrer un résultat totalement
différent dans le modèle de prévision. En sup-
primant les trois derniers chiffres, il avait imaginé qu'à l'échelle d'un pays, cette petite va-
riation numérique n'aurait pas plus d'effet
qu'un petit souffle de vent et qu'elle n'aurait
aucun impact sur un modèle étendu aux di-
mensions d'un continent. Et pourtant, ces mo-
difications infimes ont eu des conséquences
catastrophiques sur le résultat final : au lieu
d'un temps calme et ensoleillé, le modèle prédi-
sait, au contraire, une véritable tempête sur le
Massachusets. Pour quelle raison ? Simplement
parce que si rien ne vient s'y opposer, d'infimes
perturbations peuvent très vite s'amplifier et
donner lieu à des phénomènes de grande ampleur. Dans le mouvement des masses d'air, si
rien n'y fait obstacle, de petites perturbations

peuvent s'amplifier très rapidement. On a pu ainsi calculer que la taille d'une petite perturbation double chaque jour : multipliée par mille en dix jours, elle sera un milliard de fois plus puissante en un mois. A cette échelle, il suffit donc d'une toute petite minute pour qu'un événement microscopique (un minuscule tourbillon dans l'air, par exemple) donne lieu à un phénomène macroscopique (un souffle d'air perceptible). Et toujours selon les calculs, il ne faut guère plus de 24 heures pour que le même tourbillon d'un centimètre de diamètre à l'origine s'étende, le lendemain, sur une distance d'une dizaine de kilomètres.

Ce jour-là, sans l'avoir cherché, Lorenz venait donc de découvrir ce qu'on appelle désormais « la sensibilité aux conditions initiales ». Et du même coup, le fameux « effet papillon » aujourd'hui célèbre dans le monde entier : un fragile papillon butinant une fleur au Brésil pourrait déclencher, d'un seul battement d'aile, un terrible cyclone au Texas. Evidemment, il faut plutôt voir là une métaphore : dans la réalité, il a été établi que l'infime apport d'énergie d'une aile de papillon serait naturellement absorbé par la masse d'air environnante. Néanmoins, l'exemple causal

est particulièrement frappant et il s'agit sans
nul doute de la théorie mathématique la plus
connue du tout venant : l'hypothèse selon
laquelle de toutes petites causes peuvent engendrer de grands effets est particulièrement
remarquable et fera fortune dans le grand public. Et après tout, qui ne serait pas séduit,
intrigué ou, tout bonnement, amusé par l'idée
qu'un simple battement de la queue d'un chien
à Nice puisse déclencher une tempête sur les
côtes de Bretagne ?

En 1983, Lorenz se verra donc décerner
le prestigieux prix Crafoord par l'Académie
royale des sciences de Suède : le monde aca-
démique semblait alors conclure que la description des systèmes dynamiques (comme un
front de nuages, par exemple) dépendait de
la connaissance des conditions initiales. Ceci
parce que les solutions des équations reposent
précisément sur les valeurs introduites au départ. Voilà qui assène un rude coup au hasard. En son temps, Poincaré avait déjà montré
que la plupart des équations différentielles qui
décrivent le mouvement des corps ont certes
des solutions, mais qu'il s'avère bien souvent
impossible de les calculer : dès que les systèmes deviennent trop complexes les solutions sont hors de portée. Comme l'explique le

mathématicien Etienne Ghys, membre de l'Académie des sciences et spécialiste de la théorie du chaos : « Chaque position initiale de l'atmosphère a un futur unique dont la solution existe, mais on ne peut pas en trouver l'équation, on ne peut pas écrire la formule qui donnerait la solution. Dans les équations de Lorenz, le déterminisme existe mais il est inaccessible et il le demeurera toujours[1]. » Autrement dit, les phénomènes que nous attribuons au hasard ne sont que le résultat de notre incapacité à connaître exactement les conditions initiales qui déterminent ces phénomènes.

*

Ici, faisons une halte. En expert avisé, Ghys conclut clairement que même si le résultat n'est pas accessible aux équations, le déterminisme n'est pas remis en cause. C'est exactement ce qu'affirme Poincaré lorsqu'il observe, à propos des conditions initiales et de ce que, faute de mieux, nous interprétons comme un effet du hasard :

« Une cause très petite, qui nous échappe,

---

1. « L'effet papillon », conférence d'Etienne Ghys, 7 novembre 2007, à l'université de Montréal.

détermine un effet considérable que nous ne pouvons pas ne pas voir, et alors nous disons que cet effet est dû au hasard. Si nous connaissions exactement les lois de la nature et la situation de l'univers à l'instant initial, nous pourrions prédire exactement la situation de ce même univers à un instant ultérieur[1]. »

En d'autres termes : c'est parce que nous ne connaissons pas *exactement* toutes les conditions initiales qu'il nous est impossible de prédire l'évolution des systèmes. On sait aujourd'hui qu'en dépit des colossales capacités de calcul dont disposent les ordinateurs modernes affectés aux prévisions météo, il est impossible de prévoir le temps de manière fiable au-delà d'une dizaine de jours. Pourquoi ? Parce que les conditions initiales ne sont pas toutes connues et que celles qui sont restées dans l'ombre provoqueront, quelques jours plus tard, une évolution imprévisible. Là encore, la pluie ou le beau temps ne surviennent pas « par hasard », c'est une impression due à notre manque de connaissance de *toutes* les conditions initiales qui entourent un système météorologique à un instant donné. Sur ce point, le physicien David

1. Henri Poincaré, *Calcul des probabilités*, Gauthier-Villars, 1912.

Ruelle[1], spécialiste des théories du chaos et membre de l'Académie des sciences, a précisément déclaré que pour prévoir, au-delà de quinze jours, le temps de manière fiable, il faudrait alors tenir compte – entre autres – de l'effet gravitationnel exercé par un électron situé à 10 puissance 10 années-lumière de la Terre ! Evidemment, comme un tel exploit est totalement impossible, il faut donc se résoudre à n'intégrer dans les calculs météo que des données partielles et non pas l'ensemble des paramètres dont dépend, en réalité, l'évolution d'un système aussi complexe qu'une masse d'air à la surface du globe.

*

Reste une dernière question soulevée par Lorenz, peut-être la plus importante, mais passée largement inaperçue. Est-ce que les conditions initiales suffisent à tout expliquer ? Existe-t-il, en dehors de ces fameuses conditions, une raison profonde, indépendante, qui rendrait compte du comportement apparemment chaotique de certains systèmes ? Voilà qui va

1. David Ruelle, *Le hasard aujourd'hui*, Le Seuil, collection « Points Science », 1991.

conduire Lorenz vers cette découverte extraordinaire : celle de ce que, plus tard, Davil
Ruelle et Floris Takens appelleront les « attracteurs étranges ». De quoi s'agit-il ? Un soir,
Lorenz en a assez de passer de longues heures,
dans l'atmosphère surchauffée du McBee, à
analyser les colonnes de chiffres crachées par
la machine. Comment faire pour saisir de manière plus simple l'évolution d'un système dy-
namique comme un front nuageux ? Comment
faire pour « voir » la manière dont ce front se
comporte ? Bien sûr, les interminables colonnes
de chiffres caractérisent le système à chaque
instant. Mais Lorenz en a par-dessus la tête de
devoir interpréter ces données abstraites sous
la forme de phénomènes aussi concrets que les
mouvements d'une masse d'air.

Le lendemain matin, il en parle à l'un de ses
collègues qui lui tape gentiment sur l'épaule
en lui disant : « C'est simple ! Tu n'as qu'à
transformer tes colonnes de chiffres en une figure lisible ! » Brusquement, Lorenz comprend.
Comment n'y a-t-il pas pensé plus tôt ? Il se
précipite dans son bureau et se met au travail.
Tout comme le génial Poincaré l'avait fait avant
lui pour figurer le mouvement de trois planètes, Lorenz va alors figurer ses masses d'air
dans un espace abstrait, inventé par Poincaré,

sous le nom d'« espace des phases ». Cet espace matérialise sous la forme d'un point toutes les variables qui caractérisent le système à un moment donné : la pression de l'air, sa température, la vitesse du vent, etc. L'instant suivant, la masse d'air ayant évolué, l'espace sera matérialisé par un autre point, l'instant suivant encore un autre point, etc. Lorenz se frotte les mains. Contrairement à Poincaré qui, à son époque, ne disposait d'aucune machine pour l'aider dans ses calculs, il a la chance d'avoir le McBee sous la main. L'engin dégage à chaque instant une chaleur infernale ? Ses lampes menacent d'exploser ? Peu importe ! Cette formidable machine va représenter graphiquement, sur la base de trois variables, la solution des équations différentielles qui posent tant de problèmes à interpréter.

Et sans perdre une minute de plus, Lorenz lance son Royal McBee à l'attaque de ses équations. Le monstre de métal, de plastique et de verre gronde, dégage une forte odeur d'électricité et de caoutchouc brûlé. A un moment, l'une de ses innombrables lampes explose. Dans la pièce, la chaleur devient insupportable. Mais qu'à cela ne tienne. La machine poursuit son travail. A mesure qu'elle calcule, instant par instant, l'évolution du système atmosphérique, une figure apparaît lentement, point par point, sur le papier. Au bout d'un temps qui lui semble interminable, Lorenz constate alors que la figure tracée par le McBee ressemble à un papillon aux ailes déployées. Par quel « miracle » les équations censées décrire un système chaotique avaient-elles engendré une figure aussi ordonnée ?

Le cœur battant, Lorenz s'assied alors à son bureau pour mieux contempler la mystérieuse figure. Il veut comprendre. La myriade de points distribués, semble-t-il au hasard, forment sous ses yeux des trajectoires qui ne se recoupent jamais. Qu'est-ce que cela signifie ? Est-ce que ce mystérieux « papillon » reflète un ordre caché ? une contrainte profonde à laquelle obéissent les phénomènes apparemment chaotiques ?

Une nouvelle étape se profile dans notre quête. Elle va nous mener au bord de l'inconnu, face à ces surprenantes « influences invisibles » que les scientifiques appellent les *attracteurs étranges*. Tout comme Lorenz, nous ne sommes pas au bout de nos émerveillements.

Chapitre 7

Les attracteurs étranges

Deux années se sont écoulées depuis la découverte du fameux « papillon aux ailes déployées » que l'on ne tardera pas à nommer « l'attracteur de Lorenz ». Un soir de 1965, à la fin du dîner, alors qu'Edward Lorenz discute tranquillement avec ses amis, sa femme Jane allume une cigarette. Intrigué par ce geste inhabituel (Jane ne fumait presque jamais) Edward fronce les sourcils puis observe les volutes de fumée bleue qui montent lentement vers le plafond. Tout à coup, il recule sur son siège pour mieux voir. La fumée de cigarette vient de s'enrouler sur elle-même pour former une cercle presque parfait. D'où viennent ces mouvements imprévisibles ? La fumée serait-elle « guidée » dans ses trajectoires ? A cet instant, il se souvient des longues heures passées au labo afin d'analyser les figures ordonnées engendrées par des phénomènes chaotiques. Il sait que les tourbillons d'un fleuve, ceux d'une masse d'air ou les ondulations d'une flamme sont tous des phénomènes complexes et chaotiques qui semblent obéir au hasard alors qu'en réalité, ils obéissent point par point à des équations différentielles. C'est-à-dire à des mathématiques pures. Par quel miracle ?

Tout en suivant des yeux le mince filet de fumée qui n'en finit plus de se déployer, de s'enrouler sur lui-même et de créer des formes étonnantes, Lorenz continue de réfléchir. Il n'entend même plus la conversation qui se poursuit autour de la table. Ce qui le fascine, c'est cette rencontre entre la fumée et « quelque chose » qui semble structurer son comportement. De quoi s'agit-il ? Se pourrait-il qu'à chaque instant, le mince filet bleuâtre « obéisse » à autre chose qu'aux faibles courants d'air dans la pièce ? à une sorte de force invisible qui l'orienterait dans telle direction plutôt que telle autre ? Tout se passe comme si les mouvements apparemment chaotiques de cette simple fumée de cigarette étaient dictés par une loi mathématique inconnue.

De plus en plus excité, Lorenz n'y tient plus. Au diable ce dîner ! Il veut absolument vérifier ce qu'il croit avoir découvert. Et cela ne peut pas attendre. Prétextant qu'il a oublié de programmer le travail de son précieux Royal McBee pour le lendemain, il s'engouffre dans sa voiture sans même dire au revoir et fonce en pleine nuit vers son laboratoire.

Sitôt dans son bureau, il commence à griffonner des équations. Il veut savoir. Est-il possible de modéliser les mouvements apparemment aléatoires de la fumée d'une cigarette ? Est-ce qu'elle n'obéirait pas, elle aussi, à l'une de ces fameuses « structures géométriques » qu'il a découvertes quelques années plus tôt avec son mystérieux « papillon » ? Evidemment, faits « à la main », les calculs qui lui permettraient de répondre à ces questions seraient longs et fastidieux. Mais avec un ordinateur et une table traçante, les solutions des équations apparaîtront en quelques heures, point par point, sous la forme d'une figure géométrique.

*

Il est un peu plus de minuit lorsque Lorenz se dirige vers le distributeur automatique et se verse une tasse de café brûlant. Il vient de lancer le McBee. L'engin chauffe de toutes ses lampes et dégage, comme d'habitude, une puissante odeur d'ozone mêlée aux vapeurs un peu acides du plastique surchauffé. Un pli soucieux

sur le front, Lorenz se penche vers la table traçante dont le stylet commence à vibrer : les figures géométriques qui seront générées, point
par point, par les équations qu'il vient d'écrire
seront-elles ordonnées ou chaotiques ?

Les yeux rougis par la fatigue, Lorenz se
rapproche de l'ordinateur. A mesure que le
nombre de points générés par l'équation d'état
augmente (c'est-à-dire à mesure qu'ils apparaissent sur la table traçante), il voit alors se former progressivement la fameuse image géométrique qui devient de plus en plus précise. Les
milliers de points qu'il a sous ses yeux représentent l'ensemble des trajectoires des filets de
fumée émis par la cigarette. Et il suffit d'un
coup d'œil pour constater que cette figure est
profondément ordonnée. Elle révèle immédiatement un ordre, une structure, un équilibre
géométrique qui ne doit rien au hasard.

Par quel prodige ? Curieusement, cette figure
ressemble à un tableau pointilliste de Seurat :
chaque point, apparemment tracé « au hasard »
sur la feuille, entretient une relation cohérente
avec les points voisins jusqu'à former une structure géométrique parfaitement ordonnée. Or
comment se faisait-il que les trajectoires dynamiques de cette fumée de cigarette puissent
se trouver ainsi décrites dans ce mystérieux

« espace des phases » dont Lorenz ne comprenait pas vraiment la nature ? Bien sûr, il savait qu'il s'agissait d'un espace mathématique, un espace abstrait, mais il ne comprenait pas comment cet espace pouvait décrire précisément, sous une forme géométrique, une information qui, elle, était parfaitement concrète. La température de la fumée, celle de l'air, la pression atmosphérique, toutes ces variables nécessaires à la construction de cet espace étaient bien réelles. Alors par quel tour de passe-passe les équations décrivant ces données physiques pouvaient-elles donner lieu à des graphiques dont les trajectoires apparemment aléatoires ne se recoupaient jamais et formaient une figure cohérente ? D'où venait cet ordre ?

A cet instant, n'y tenant plus, le savant se dirige vers la fenêtre pour l'ouvrir en grand. Puis il contemple à nouveau les graphiques qui s'étalent autour du McBee. Le plus extraordinaire, c'est que la figure qui décrit le comportement des filets de fumée était « fractale » : quelle que soit l'échelle à laquelle Lorenz observe le graphique, il y voit toujours la même structure, la même « forme ». Même en isolant une toute petite partie de la fameuse figure, il y retrouve exactement la même figure géométrique : très étrangement, à la manière de ces poupées russes qui contiennent des poupées identiques de plus en plus petites, la partie est identique au tout.

Le savant travaille toute la nuit. Au petit matin, il pense avoir trouvé la solution. Ou plutôt, cette solution a été représentée par quantité de graphiques tracés, point par point, par le McBee. Après avoir bu sa dixième tasse de café, il observe une nouvelle fois le résultat de son travail qui jonche à présent le sol.

Epuisé mais heureux, il s'étire alors de tous ses membres. Il sait que ces mystérieuses figures dont il a découvert les propriétés et qui agissent dans l'invisible sur les phénomènes apparemment chaotiques sont un défi à la raison. Elles semblent « attirer » les filets de fumée, les tourbillons ou les feuilles mortes dans leur chute. Comme le syphon d'un lavabo « attire » l'eau vers le fond. A l'époque de von Neumann, ces « figures qui attirent » n'avaient pas encore été découvertes. Mais il est certain que sans les connaître, le savant hongrois avait déjà deviné leur action, anticipé leur « présence » sous-jacente aux phénomènes en apparence aléatoires. Comment expliquer tout ça ? D'où viennent ces figures mathématiques ? Tout se passe comme si « quelque chose », situé hors de l'espace-temps ordinaire, déterminait le comportement de phénomènes qui, à notre échelle, nous semblent aléatoires. Très mystérieusement, depuis l'Univers invisible d'où ils agissent sur le monde, ces « attracteurs étranges » structurent et *informent* donc à notre insu et sans que nous puissions réellement les comprendre, les événements qui nous semblent chaotiques et indéterminés : une fois de plus, le hasard se trouve mystérieusement encadré, structuré, organisé, *programmé*.

*

Plus tard encore, dans les années 80, le bouillant physicien Mitchell Feigenbaum, réputé pour son énergie et sa force de travail hors du commun, a découvert à son tour ce qu'il a appelé la « loi de l'universalité » qui repose sur un nombre. Or ce nombre très particulier, appelé « nombre de Feigenbaum », a une importance capitale. Tout comme Pi ou le nombre d'or, ce nombre lui aussi très mystérieux est un nombre transcendant : en fait, il s'agit d'une constante universelle qui structure le chaos pour déboucher sur une sorte d'ordre que seules les équations sont capables de révéler. Dès lors que – comme l'affirme le Prix Nobel Ilya Prigogine – les systèmes chaotiques traduisent l'entropie d'un système (c'est-à-dire une perte d'énergie), alors cette dissipation d'énergie exprime nécessairement une information. Autrement dit, aussi bien les « attracteurs étranges » que d'autres mystérieuses constantes (comme celle de Feigenbaum) constituent, au niveau le plus profond, une *information* d'essence mathématique qui semble « coder » très mystérieusement les phénomènes qui émergent à notre échelle sous une forme chaotique. Si comme le pensait Galilée, la Nature est bel et bien « écrite dans une langue mathématique », si ce langage mathématique représente bien l'essence même du réel, alors le hasard ne peut y jouer que le rôle d'un figurant : tout comme le nombre Pi « fait semblant » d'égréner ses décimales au hasard, la nature elle-même simule et imite si radicalement les phénomènes aléatoires qu'elle crée une illusion presque parfaite du hasard. A tel point que sans les mathématiques, c'est-à-dire sans nous situer au niveau le plus profond du réel, il semble impossible de déjouer l'illusion : « le hasard est le plus grand illusionniste de tous les temps ! » affirme un proverbe arabe.

Et sur ce point, justement, une question se

pose : existe-t-il une preuve que le hasard ne serait qu'une formidable illusion ? Que le hasard « pur » n'existe pas ?

Pour trouver une telle preuve, il ne suffit plus de jouer à pile ou face. Nous allons devoir nous tourner vers des machines. Et ce qu'elles vont débusquer dans notre chasse au hasard va nous révéler un nouveau secret. Jusqu'à nous donner le vertige.

Chapitre 8

Les machines du hasard

Octobre 1931. Les restes d'une chaleur d'été flottent encore dans les hautes branches des arbres ou traînent au fond des fossés qui bordent les allées de l'université de Princeton. Un homme fait les cent pas autour des massifs en fleurs. Il s'appelle John von Neumann. Cela fait plusieurs semaines qu'une idée un peu saugrenue va et vient dans son esprit sans qu'il comprenne pourquoi elle lui semble si importante. A tel point que ce soir-là, il a décidé d'écourter ses cours. Après tout, on est à Princeton, l'une des meilleures universités au monde, réputée pour la liberté qu'elle accorde aussi bien aux étudiants qu'à leurs professeurs. Et à cet instant, c'est d'un pas décidé que celui qu'on appelle affectueusement « Johnny » traverse le vestibule vers son bureau situé au premier étage. Sitôt après avoir refermé la porte à double tour, il s'enfonce confortablement dans son fauteuil pour se poser, une fois de plus, la question toute simple qui lui revient sans cesse : « Est-il possible de fabriquer une machine à engendrer du hasard *à l'état pur* ? » Autrement dit, est-ce que le hasard peut être « purifié » au point de rendre les événements *absolument* imprévisibles ? Après tout, si un ensemble de lois physiques s'exercent bel et bien sur une roulette de casino, expliquant sa rotation, la friction des roulements, les effets gyroscopiques, etc., est-il possible de s'affranchir de ces lois au point que le comportement de la roulette soit réellement livré à un hasard théoriquement parfait ? Et à l'inverse, est-ce qu'il n'est pas possible à un joueur de casino de contourner ces fameuses lois et de « battre le hasard » ? Une nouvelle question où l'imagination gourmande de von Neumann va trouver un terrain de prédilection. Fervent amateur de cartes, il sait que le véritable adversaire n'a pas figure humaine et n'est pas assis autour de la table : le vrai rival est pire que l'homme invisible. Il est partout, sous la table, au-dessus de votre épaule, derrière vous. Il vous épie. Il voit tout. Il vous guette et ne laissera rien passer : ce joueur terrifiant toujours silencieux, presque toujours gagnant, c'est le hasard. C'est contre lui que l'on joue. Parfois, il donne le change. L'heureux joueur croit rafler la mise. Mais pas pour longtemps. Ce que le hasard donne d'une main, il le reprend presque aussitôt et le fait payer au centuple. Et tant pis pour ceux qui ne pourront jamais rembourser. Ceux qui sombrent dans l'alcool ou qui iront jusqu'au suicide. Indifférent, le hasard continue à jouer. Qu'il s'agisse de l'Amérique des années 40 ou de la France d'aujourd'hui, le hasard y est tout ausssi puissant : en jouant, par exemple, une seule grille au loto, un joueur a une chance sur 14 millions de trouver les 6 bons numéros et de remporter les gains. C'est bien peu. Et dans le cas où un « accro du loto » jouerait durant toute sa vie sans jamais rater un seul tirage, la probabilité qu'il remporte le gros lot au moins une fois est bien plus petite que celle de le voir disparaître avant qu'il n'ait pu remporter le moindre gain.

Dans la pratique, le hasard est donc imbattable. Ce qui justifie l'adage : « On ne gagne jamais contre le casino ». Or à mesure qu'il joue – et parfois qu'il perd – von Neumann supporte de moins en moins l'arrogance de ce hasard triomphant. Il esquisse un petit sourire en silence. Il a du mal à accepter qu'il lui faille plier devant le hasard. Lui, le champion d'échecs qui a une conception déterministe du jeu. Bien sûr, le hasard est un adversaire redoutable. Bien sûr, les chances de gagner contre lui sont incroyablement faibles. Mais elles ne sont pas nulles. Et surtout, on peut les comprendre et les améliorer.

Von Neumann a lu la correspondance entre le génial Pascal et le mathématicien Pierre de Fermat dont le fameux théorème – encore non démontré à l'époque – le captive depuis toujours. Impossible d'oublier les magnifiques arguments échangés entre les deux hommes sur les jeux de hasard. Des arguments qui allaient marquer le point de départ d'une théorie toute nouvelle. Vers 1940, la voilà entièrement rédigée de la main très inspirée de von Neumann. Son nom ? La « théorie des jeux ». Un nom qui va rester dans les annales. Von Neumann est d'ailleurs très fier de sa trouvaille. Il sait que désormais, on ne pourra plus jamais séparer les jeux de hasard des lois sur lesquelles ils reposent.

Pour comprendre comment des questions aussi profondes ont pu germer dans l'esprit de ce mathématicien de génie, il nous faut remonter jusqu'au début des années 1900, dans les ruelles de Budapest, en Hongrie.

*

Tout commence quelques jours après Noël, plus exactement le 28 décembre 1903, en fin d'après-midi. Ce soir-là, entre deux flocons de neige, naît un petit garçon du nom de János Neumann. Le bébé est superbe. Très vite, il sera affublé du diminutif de « Jancsi », un surnom qu'il n'aime guère et qu'il remplacera plus tard par celui de « Johnny ». Son père, Max Neumann, un banquier de la bonne société hongroise, tient par-dessus tout à donner la meilleure éducation à son fils. Dès lors, le petit Jancsi apprend tout naturellement les langues maternelles de ses trois gouvernantes allemande, anglaise et française. Bientôt, il parlera couramment ces trois langues, passant avec la plus grande aisance de l'une à l'autre. Puis il s'attaque aux mathématiques. Les additions et les multiplications ? Trop faciles pour lui. Ce que le garçonnet déguste avec gourmandise, ce sont les équations, à plusieurs inconnues de préférence. A ce jeu, il cloue sur place tous ceux qui assistent à ses fantastiques prouesses. Bombant le torse, il semble d'ailleurs tirer une fierté toute particulière de sa culture et de son appartenance à la bonne société de l'Empire austro-hongrois. A tel point qu'âgé de dix ans à peine, aux fins de parfaire son image, il réussit à convaincre son père d'acheter rien de moins qu'un titre de noblesse : grâce à cette acquisition d'un genre inhabituel, il pourra fièrement arborer la précieuse particule « von » et le titre de « baron » devant son nom de famille, signe de sa nouvelle appartenance à la très *select* aristocratie d'Europe centrale.

Pourtant, la vraie richesse du petit Jancsi ne tient ni à sa particule, ni à son titre de noblesse, mais à sa formidable intelligence. Dès l'âge de six ans, il échange des plaisanteries en grec ancien avec son père. Sa mémoire est phénoménale, presque surnaturelle. L'un de ses jeux favoris, par exemple, consiste à ouvrir au hasard les pages d'un annuaire téléphonique et en mémoriser le contenu en quelques instants : devant les invités ébahis, il est alors capable d'énoncer *dans l'ordre* chacun des noms qu'il vient de lire sur la page avec, cerise sur le gâteau, les numéros de téléphone qui leur correspondent.

En fait, le génie du petit Johnny ne cessera de s'affirmer d'année en année. Parallèlement à ses études qu'il réussit brillamment, il devient un immense gourmand de la vie. Incroyablement sympathique, il aime les femmes, les voitures rapides, les bonnes blagues, les mots d'esprit, les fêtes, le bruit, la nourriture mexicaine épicée et, par-dessus tout, les mathématiques. Installé aux Etats-Unis, il rejoint l'université de

Princeton et organise régulièrement des *fiestas* mémorables chez lui, au 26 Westcott Road. Il invite ses collègues, mais aussi le livreur de pizza ou la jolie serveuse qu'il a repérée à la cafétéria. Au moins deux fois par semaine, les voisins doivent supporter la musique, les éclats de rire, le bruits des danses folles qui accompagnent les *parties* de l'intrépide Johnny.

Mais son goût immodéré pour la fête ne l'empêche pas d'être un chercheur hors pair. Sa mémoire prodigieuse lui permet d'acquérir une maîtrise fantastique des outils mathématiques qu'il applique à des problèmes très différents les uns des autres. Entre bien d'autres découvertes, c'est à lui que l'on doit l'architecture actuelle de tous les ordinateurs. C'est lui qui invente le concept de « RAM » (*Random Access Memory*) qui permet à des données stockées d'être directement accessibles dans un ordre aléatoire (par opposition aux données stockées sur un disque dur qui ne peuvent être lues et écrites que dans un ordre prédéterminé). C'est encore lui qui crée la fameuse algèbre qui porte son nom[1], une algèbre tellement puissante qu'il est

---

1. Dans nos travaux de thèse sur l'origine de l'Univers, nous avons utilisé l'algèbre de von Neumann afin de décrire les trois régions cosmologiques qui entourent le Big

possible de l'appliquer à quantité de problèmes, y compris les grandes énigmes cosmologiques concernant la description du Big Bang.

*

Mais revenons à ce fameux jour d'octobre 1931, à Princeton. Après s'être fait apporter des sandwiches, von Neumann griffonne fébrilement toutes sortes de formules sur son cahier. Voilà plusieurs heures qu'il réfléchit à la fascinante question du hasard « fabriqué à la main ». Adolescent, il a lu et relu le grand Leibniz, stylo en main. Et il se souvient comme si c'était hier de l'un des problèmes célèbres posés par le fameux philosophe mathématicien du XVIIIe siècle. De quoi s'agit-il ? Prenez une feuille de papier et tracez-y « au hasard » des points, les yeux fermés. A priori, la figure que vous obtenez est totalement désordonnée. Mais est-ce bien le cas ? A vrai dire, non. En effet, à coups de calculs incontestables, Leibnitz a montré qu'il existe toujours une expression mathématique permettant

---

Bang : la région classique (après le Big Bang : algèbre de type 1), la région quantique (le Big Bang, algèbre de type III lambda) et la région singulière « avant » le Big Bang, algèbre de type II infini). Chacune de ces régions se trouve donc décrite par l'algèbre qui lui correspond.

de définir la courbe qui relie tous ces points ! Autrement dit, impossible de fabriquer une figure « au hasard » avec un crayon et un papier. Même invisible, l'ordre est toujours là, caché au fond d'une équation.

Pour autant, ne serait-il pas possible d'aller plus loin ? De fabriquer du vrai hasard à l'aide d'une machine ? Le bouillant mathématicien se lève, griffonne une ou deux formules au tableau puis se laisse retomber de tout son poids dans le fauteuil de cuir rouge qui lui tend les bras. Il sait parfaitement que le fonctionnement d'une banale machine à sous, par exemple, repose sur des ressorts, des bielles, des leviers et des engrenages qui libèrent « au hasard » le lot de pièces qui ira remplir les poches de l'heureux gagnant. Il sait aussi que de nombreuses lois s'appliquent à chacun de ces mécanismes, en particulier les trois lois du mouvement de Newton, la gravitation, les effets induits comme la friction, etc. Seulement voilà : des problèmes surgissent dès lors qu'on observe attentivement le fonctionnement de ces machines sur une longue durée. Pourquoi ? Simplement parce que sur un très grand nombre de coups, des événements pourtant considérés comme « imprévisibles » (la libération du lot de pièces) finissent quand même par apparaître dans un certain ordre. La question qui se pose est alors toute simple : les machines sont-elles réellement capables de fabriquer du hasard ? Ne sont-elles pas, inévitablement, contraintes par les lois physiques qui s'exercent sur leurs mécanismes ?

Plus il y pense, plus cette question fascine l'esprit enfiévré de von Neumann. Et bientôt, il ne pourra éviter plus longtemps cette conclusion : créer mécaniquement du hasard est, au sens strict, quelque chose de tout à fait *impossible*. On aura beau affiner le fonctionnement de tel disque tournant, épurer à l'extrême tel autre mécanisme, il restera toujours *quelque chose* de nature à produire une séquence prévisible à plus ou moins long terme. Comment s'affranchir des lois physiques qui s'exercent inéluctablement sur chaque pièce des « machines à hasard » ? Les roulettes de casino, par exemple, sont fabriquées dans des usines. Or chacune d'entre elles sort de la chaîne de montage avec des petits défauts certes invisibles à l'œil nu, mais de nature à les rendre particulièrement sensibles aux lois physiques qui s'exercent sur elles. Telle bille du roulement sera très légèrement aplatie, telle plate-forme tournante sera imperceptiblement voilée, autant de défauts indétectables à l'œil nu, mais susceptibles de perturber le fonctionnement idéalement aléatoire du système. Autrement dit, conclut von Neumann, la seule manière d'engendrer du hasard « à l'état pur », consisterait à supprimer d'un seul coup toutes les lois physiques qui s'exercent sur les roulettes, les machines à sous, etc., ce qui, naturellement, n'a pas le moindre sens. Sur ce point, von Neumann pouvait-il prévoir que le 11 avril 2013, le casino des Pins, aux Sables d'Olonne, déciderait de remplacer la roulette physique (celle qui se trouvait sur la table et qui, selon la direction, semblait engendrer des résultats *prévisibles*) par une roulette virtuelle, une roulette *abstraite*, en somme, supposée engendrer du hasard à l'état pur ?

De plus en plus excité, von Neumann jaillit à nouveau de son fauteuil et se remet à faire les cent pas dans son bureau. Les nombreux livres entassés dans la bibliothèque l'aident à penser. Puisqu'il s'avère donc impossible de produire mécaniquement du hasard, puisqu'il n'existe aucune machine capable de créer des événements *vraiment* aléatoires, ne pourrait-on alors se tourner vers ces systèmes abstraits que sont les mathématiques ? Ne serait-il pas envisageable d'engendrer *mathématiquement* le hasard ?

Ce soir-là, avalant café après café, von Neumann va donc tenter d'inventer une méthode.

Dans un premier temps, crayon en main, il commence par choisir « au hasard » un nombre de quatre chiffres. Deuxième étape, il multiplie ce nombre par lui-même et obtient un nouveau nombre de huit chiffres. Pour parfaire sa quête du hasard, il va alors sélectionner les quatre chiffres du milieu et recommencer trois fois la même opération.

Après avoir rempli une page entière de ses calculs, von Neumann soupire de satisfaction. Il tient peut-être la solution. Il lui semble, en effet, qu'il est parvenu à supprimer tout lien logique entre deux nombres successifs de la suite qui résulte des opérations précédentes. Serait-il enfin parvenu à engendrer des nombres réellement aléatoires ? Voire. Car plus tard dans la soirée, alors que la grande horloge du beffroi sonne deux heures du matin, von Neumann est obligé de reconnaître que sa méthode se heurte à de sérieuses limites. Au bout de plusieurs séquences de calculs, en effet, il constate qu'il obtient des résultats similaires ou, pire encore, des séries rigoureusement semblables. Force est alors de reconnaître que ce qui ressemblait à une suite aléatoire n'est en réalité qu'une suite *pseudo aléatoire*.

*

Cette étonnante découverte va tenir John von Neumann en éveil toute la nuit. Car elle signifie, en profondeur, que même les mathématiques, pourtant abstraites de tout mécanisme physique, ne parviennent pas non plus à engendrer du « vrai » hasard. A cet instant, sans même y penser, le savant se dirige alors vers le tableau noir au fond de son bureau pour y tracer un cercle presque parfait et, sur la droite, les premières décimales du nombre Pi. Puis il fait quelques pas en arrière et se rassied dans son fauteuil sans quitter le tableau des yeux.

Après avoir poussé un profond soupir, von Neumann se met à réfléchir. Pi est un nombre infini, une suite non répétitive de décimales qui se déroulent sans aucune limite dans le temps, bien au-delà de milliards et de milliards d'années. Or comme nous l'avons vu dans les chapitres précédents, cela veut donc dire que *toutes* les combinaisons de nombres possibles existent, quelque part, dans Pi. Converti en langage naturel, quelque part dans cette chaîne infinie de chiffres on pourra trouver le nom de chaque personne jamais aimée, la date, le lieu, l'heure et les circonstances de n'importe quelle naissance, ainsi que les réponses à toutes les grandes questions de l'Univers. Autrement dit, s'il est exact que Pi est infini et qu'il contient toutes les séquences numériques possibles, alors l'Univers tout entier (qui, lui, est bel et bien fini) se trouve décrit, sous une forme numérique, quelque part dans les décimales de Pi.

Von Neumann respire profondément. Cette pensée lui donne tout à coup le vertige. Car même si ce formidable nombre Pi a toute l'apparence du hasard, il reflète bel et bien un *ordre* (sans quoi, il ne serait pas calculable et il serait impossible de prédire quel chiffre apparaît, par exemple, au milliardième rang). Cela veut donc dire, peut-être, que même si la réalité de tous les jours *semble* contenir du hasard, même si certains événements en ont toute l'apparence, il se pourrait bien que ces événements irrésistiblement associés au hasard s'inscrivent, en réalité, dans un ordre mathématique profond, parfaitement défini, mais insaisissable.

Au petit matin, en ce jour d'octobre 1931, von Neumann écrira sur son petit carnet cette courte phrase qui deviendra célèbre : « Le hasard semble absolument *décidé*[1] ! »

Sur ce point comme sur beaucoup d'autres, l'avenir lui donnera raison. Car si le hasard

---

1. Rapportée par son collègue Paul R. Halmos, dans son autobiographie *I Want To Be a Mathematician*, New York : Springer-Verlag, 1985.

est *décidé*, c'est bien par les mathématiques. Même en faisant appel aux plus puissants calculateurs modernes, il est fondamentalement impossible d'engendrer des nombres *vraiment* aléatoires. Ceci parce que tout programme informatique, aussi sophistiqué soit-il, repose sur des algorithmes mathématiques *programmés* et donc parfaitement prévisibles. Même le célèbre nombre réel Oméga que, sous certaines conditions, l'on tient pour totalement imprévisible, n'est pas vraiment aléatoire. Arrêtons-nous un instant sur ce nombre. Pour beaucoup, il fournit enfin, pour la première fois, la preuve que le hasard existe bel et bien en mathématiques. De quoi s'agit-il ? D'une sorte de « chimère mathématique ». Sans doute le plus étrange de tous les nombres réels. Il a été découvert il y a plusieurs années par le logicien Gregory Chaitin, un personnage qui ne pense pas vraiment comme tout le monde et dont le sourire tranchant traduit un appétit féroce pour les zones interdites en mathématiques.

Partons de la définition. Oméga est « tout simplement » un nombre réel désignant la probabilité qu'une fois lancé dans son programme, un ordinateur s'arrête. On retrouve ici les idées révolutionnaires du grand Turing de 1936. Reste qu'Oméga est un être numérique très étrange. Pourquoi ? Parce qu'il a beau être parfaitement déterminé, en réalité ce nombre est absolument – radicalement – impossible à calculer. C'est même le moins calculable de tous les nombres connus ! Il ressemble à une montagne dont le sommet existe, mais sur lequel on ne pourra jamais planter aucun drapeau. Il n'en fallait pas plus pour que le fameux Oméga soit brandi comme le seul nombre dont les « chiffres » s'égrènent purement au hasard.

Mais est-ce bien vrai ?

En réalité, pas tout à fait. A tel point que Chaitin lui-même, vaguement ennuyé, a écrit dans son excellent livre sur le hasard : « Certes, ce terme d'"aléatoire" dont on qualifie Oméga peut prêter à confusion. Il s'agit d'un nombre réel bien déterminé...[1] » De quoi ébranler déjà nos convictions. Mais pour faire bonne mesure, il s'empresse d'ajouter : « Afin d'éviter les malentendus, disons donc qu'Oméga est irréductible. » Que veut dire « irréductible » ? Donnons à nouveau la parole à Chaitin : « L'idée est que les mathématiques contiennent une part d'information irréductible, dont Oméga est l'exemple parfait. » En d'autres

_____

1. *Hasard et Complexité en Mathématiques*, Flammarion, 2009.

mots, Oméga contient des informations qui ne nous sont pas accessibles. Et qui ne le seront jamais. Résultat : la connaissance que nous avons d'Oméga ne sera jamais complète. Mais pour autant, il ne s'agit nullement d'un nombre aléatoire. La meilleure preuve est qu'il obéit à une formule bien précise. Mais ce qui fait son étrangeté, c'est qu'en même temps, il est soumis à une contrainte fascinante, que nous aborderons au chapitre suivant : le théorème d'incomplétude. D'ailleurs, sur ce point, von Neumann se souvient avec émotion de sa rencontre avec Kurt Gödel, l'auteur de ce fameux théorème. En effet, quelques mois auparavant, le mathématicien l'a littéralement fasciné par la clarté de son exposé au cours d'une conférence à l'université de Königsberg en septembre 1930. A tel point que von Neumann, au comble de l'admiration, n'hésitera pas à écrire : « La réussite de Kurt Gödel en logique moderne est singulière et monumentale – en fait, c'est plus qu'un monument, c'est un phare, qui restera visible très loin dans l'espace et dans le temps[1]. »

---

1. Paul R. Halmos, « The Legend of John von Neumann », *The American Mathematical Monthly*, vol. 80, n° 4, 1973.

Un phare qui fournit des arguments sérieux à tous ceux qui pensent, comme von Neumann, que le hasard n'existe pas en mathématiques. Car en dépit de tous les efforts fournis par les logiciens, il semble donc impossible de créer un programme informatique qui donnerait lieu à un fonctionnement réellement aléatoire d'un ordinateur. Ce fait amènera plus tard von Neumann a déclarer sans détours : « Quiconque considère des méthodes arithmétiques afin de produire des chiffres aléatoires commet un péché. Car nous ne pouvons espérer, au mieux, qu'obtenir des nombres pseudo aléatoires, un flux de nombres qui a toute l'apparence d'une suite aléatoire alors qu'il résulte, en réalité, d'une formule mathématique[1]. » Von Neumann pensait-il au nombre Pi en disant cela ?

*

Toute la question consiste donc à découvrir les raisons profondes pour lesquelles les mathématiques semblent coûte que coûte « résister au hasard ». A Göttingen où il a été le brillant assistant de Hilbert de 1926 à 1928,

---

1. Idem.

von Neumann a été tout particulièrement frappé par cette phrase que répétait régulièrement son maître : « Le monde physique imparfait n'est que le pâle reflet de l'univers mathématique parfait[1]. » Autrement dit, selon Hilbert (mais aussi selon la plupart des mathématiciens de la fameuse université de Göttingen dont nous avons largement parlé dans *La Pensée de Dieu*[2]), la nature ne serait qu'une approximation d'un ordre mathématique profond. Un tel ordre ne concède aucun rôle au hasard qui, dans la perspective d'une harmonie fondamentale, n'apparaît, dans le monde ordinaire, que sous la forme du pseudo-hasard dont parlait Einstein pendant le Congrès Solvay de 1927. Richard Feynman, autre géant de la physique, lui aussi passé à Göttingen, partageait à peu de chose près la même idée : « Pour ceux qui ne connaissent pas les mathématiques, il est difficile d'imaginer la beauté, la plus profonde beauté, de la nature. Si vous voulez en apprendre davantage sur la nature, si vous voulez véritablement apprécier l'ordre de la nature, il est alors nécessaire de comprendre

---

1. Constance Reid, *Hilbert, The Biography,* New York : Springer-Verlag, 1983.
2. *La Pensée de Dieu*, Grasset, 2012.

le langage mathématique qu'elle utilise et sur lequel elle repose[1]. »

Sur ce point, revient une question particulièrement troublante : le hasard devrait-il être compris comme une émanation de ce « langage mathématique de la nature » dont parle Richard Feynman ? Serait-il mystérieusement « codé » dans le réel profond ? Si Feynman a raison, alors il serait théoriquement possible, grâce aux mathématiques, de modéliser les événements qui surgissent de façon imprévisible dans le monde réel. Or le fait que des événements aléatoires puissent être décrits mathématiquement signifie qu'ils sont de nature *déterministe* et donc, dès lors, théoriquement prévisibles. Dans nos vies de tous les jours, nous côtoyons régulièrement des phénomènes considérés comme « hasardeux ». Qu'il s'agisse de cet ami rencontré « par hasard » au coin de la rue ou encore de cette branche d'arbre tombée toujours « par hasard » devant nos pieds, ces événements semblent relever de circonstances purement aléatoires. En fait, on attribuera au « hasard » tout événement imprévu (une rencontre fortuite) ou

---

1. Jagdish Mehra, *The Beat of a Different Drum : the life and science of Richard Feynman*, Oxford University Press, 1994.

encore toute expérience dont il sera impossible de prédire le résultat (le chiffre de la roulette sur lequel la bille va s'immobiliser). Or la plupart des événements qui nous semblent aléatoires sont, en réalité, de nature déterministe : ils sont tellement complexes qu'ils deviennent impossibles à prévoir (même si la possibilité qu'ils se produisent est non nulle). Par exemple, s'il est évident que les mouvements d'une bille sur le plateau d'une roulette sont directement liés à la quantité d'énergie utilisée par le croupier pour lancer la balle et à la vitesse de rotation du plateau tournant, dans la pratique, cependant, il est impossible de prévoir dans quelle case la bille va atterrir. Or s'il était réalisable de prendre en compte l'ensemble des paramètres impliqués, de calculer *toutes* les variables cachées, alors il deviendrait envisageable de prédire sans risque d'erreur la case où la bille finirait par s'immobiliser. C'est d'ailleurs dans cette perspective que le mathématicien Pierre-Simon de Laplace associe clairement le hasard à la méconnaissance des lois qui le sous-tendent : « Une intelligence qui, à un instant donné, connaîtrait toutes les forces dont la nature est animée et la situation respective des êtres qui la composent, si d'ailleurs elle était suffisamment vaste pour soumettre ces données à l'analyse, embrasserait dans la même formule les mouvements des plus grands corps de l'univers et ceux du plus léger atome ; rien ne serait incertain pour elle, et l'avenir, comme le passé, serait présent à ses yeux[1]. » C'est bien dans la perspective d'un avenir où tous les événements futurs seraient déterminés par ceux du passé que, comme nous allons le voir, certains mathématiciens se sont donné cette mission extraordinaire : celle de battre coûte que coûte le hasard.

---

1. Pierre-Simon de Laplace, *Essai philosophique sur les probabilités*, 1814.

Chapitre 9

Battre le hasard

Automne 1873. Dans le vent, ce soir-là, il y avait un peu de sel. Effilées par les embruns, les vagues les plus hautes passaient en écume blanche par-dessus le muret qui longeait la côte de Monaco. Il fallait faire vite. Cette fois, William Jaggers n'allait pas rater l'ouverture des portes du casino. Serrant très fort un petit carnet dans la main droite, il se préparait à se placer juste derrière le croupier afin de noter systématiquement tous les coups qui sortent de la roulette.

Jaggers est ingénieur. Il sait que les lois mathématiques existent partout. Et qu'elles s'appliquent bien sûr aux jeux de hasard. C'est l'esprit tranquille qu'il pénètre dans le casino. Au fond de la salle, l'ambiance est aux grands jours. Les joueurs se pressent de toutes parts autour des tables et des machines à sous. Mais William Jaggers, lui, n'est intéressé que par une seule chose : la roulette. Comme tous les soirs, il prend place discrètement à droite du croupier et surveille le lancer. Puis il note le numéro gagnant à la suite des nombreuses colonnes de chiffres tracées sur son carnet. Son cœur bat un peu plus vite. Le 23 est sorti deux fois de suite en moins d'une demi-heure. Cette fois, il en est sûr, le moment est venu. Ce soir, pour la première fois, il est prêt à jouer. Et surtout à gagner.

Parfaitement sûr de lui, Jaggers joue une forte somme sur le 31. Il a suffisamment analysé les fréquences de sortie des 37 numéros de la roulette pour savoir que la bille a de très fortes chances de s'immobiliser sur le 31. Et il ne peut réprimer un cri de joie au moment où, comme par miracle, la bille en ivoire vient se loger sur la case 31 pour ne plus la quitter jusqu'à ce que la roulette cesse de tourner. Le croupier se tourne alors vers Jaggers pour lui lancer, avec un sourire effilé : « Vous avez de la chance, monsieur ! » Ramassant ses gains, Jaggers sait que la chance n'a rien à voir avec ça. Ce sont les probabilités qui décident de distribuer les pertes et les gains. Et depuis des semaines, il a passé suffisamment de temps à noter scrupuleusement tous les coups pour se faire une idée très précise des numéros qu'il faut éviter et de ceux qu'il faut jouer.

Jaggers va miser toute la nuit. En dehors de quelques coups malheureux, il a pratiquement gagné à chaque lancer de roulette. En quelques heures, il a réussi à battre systématiquement le hasard et à amasser une véritable fortune.

Pendant quatre nuits, Jaggers va jouer jusqu'à l'aube. Quatre nuits durant lesquelles il va gagner une somme faramineuse : 1 550 000 francs de l'époque. Une véritable fortune. A tel point, que sentant le danger, la direction du casino inscrira le nom de Jaggers sur sa liste noire et lui interdira l'entrée dans l'établissement.

Mais Jaggers n'en a cure. Désormais, il est riche. Et il peut remercier la loi des probabilités de lui avoir permis de battre le hasard pendant quatre jours. En bon scientifique, il a lu les travaux du mathématicien Siméon Denis Poisson, auteur de la fameuse « loi des grands nombres ». Et il sait qu'à partir de certaines variables aléatoires notées « N », la fameuse « loi de Poisson », découverte en 1838, permet d'établir le nombre de chances que tel événement se produise dans tel domaine sur une période donnée. C'est cette loi qui lui a permis d'analyser les séries de coups au casino de Monte-Carlo. Et de gagner une énorme somme.

Mais Jaggers n'est pas le seul scientifique à avoir compris que bien utilisées, les mathématiques peuvent battre systématiquement le hasard. Dans les années 60, un mathématicien de génie allait se faire connaître dans le milieu des jeux pour ses talents de nature à faire trembler tous les casinos. Son nom ? Edward Thorp. Il s'agit sans aucun doute du mathématicien le plus redouté dans toute l'histoire du blackjack.

Edward Thorp est né en 1932, à Chicago. Curieux de tout, doué d'une intelligence peu commune, il s'intéresse très vite aux probabilités et aux jeux mathématiques de toutes natures. En 1958, il obtient son doctorat à l'université de Californie et rejoint aussitôt le MIT où il est nommé professeur de mathématiques. Thorp est admiré de tous ses collègues. Il n'a pas son pareil pour inventer toutes sortes de jeux mathématiques qui amusent tout le monde. Expert dans les jeux de cartes, il connaît par ailleurs quantité de tours compliqués qui lui valent d'être parfois surnommé « Le Magicien » dans les couloirs de l'université.

Le Dr Edward O. Thorp a commencé sa carrière de joueur, alors qu'il était professeur au MIT. Il connaît évidemment tous les illustres mathématiciens qui se sont intéressés au problème du hasard : Pascal (le premier à avoir analysé les mathématiques derrière les dés), Bernouilli, Fermat, Borel, Poincaré, etc. Mais Thorp veut aller encore plus loin. Il veut descendre sur le terrain du hasard. Où le trouve-t-on en particulier ? Là où tout le monde veut jouer avec lui. Dans les casinos. En compagnie du physicien théoricien Claude Shannon (l'auteur de la théorie de l'information) et de sa femme Betty, il avait pris l'habitude de passer ses week-ends à Las Vegas. Et là, il jouait. Aux machines à sous, au blackjack, à la roulette. Mais après avoir perdu une somme assez rondelette, il n'allait pas tarder à comprendre qu'il était grand temps d'utiliser les mathématiques à bon escient. Avec Shannon, ils allaient désormais se comporter en scientifiques. Plus question de se faire plumer par le hasard. Ils décident de se concentrer sur un seul jeu : le blackjack. Pendant des mois, ils analysent le comportement du croupier, la manière dont il distribue les cartes, les séries, les occurrences, etc. Puis ils transforment leurs observations sous forme d'équations. Bientôt, Thorp a mis au point une loi mathématique qui, selon lui, est « infaillible » et va lui permettre de gagner à tous les coups au blackjack. Il en est si fier qu'il l'appelle en riant « la loi de Thorp ». Pour mettre toutes les chances de son côté, il va même jusqu'à inventer, avec Shannon, le premier ordinateur portable : grâce à cette petite machine cachée sous son imperméable, Thorp va analyser encore plus finement les séries et mettre au point un système de comptage des cartes qui va lui donner un avantage décisif sur le hasard.

A partir de là, fort du pouvoir des mathématiques, Thorp va commencer à jouer au blackjack. Et à ce jeu-là, il est bon. Très bon même. Bientôt, il devient redoutable et gagne à tous les coups. Les croupiers froncent les sourcils. La foule s'amasse autour de la table, fascinée par la montagne de jetons qui grandit devant Thorp. A tel point qu'il amasse en quelques jours une véritable fortune : désormais, les casinos voient en lui un terrible danger et comprennent qu'il faut à tout prix barrer la route à ce génie qui menace, tout simplement, de faire sauter la banque. On va donc lui interdire de prendre place autour des tables.

Mais qu'importe. Désormais, Thorp en sait assez. Il deviendra célèbre en 1962 avec un ouvrage publié sous ce titre provocateur : *Battre le croupier*. Très vite, le livre devient un best seller. Vendu à des millions d'exemplaires dans le monde entier, on y trouve toutes les recettes pour « mettre la chance de son côté » et pour prendre, grâce au pouvoir des mathématiques, un avantage décisif sur le hasard.

En bons mathématiciens, William Jaggers et Edward Thorp ont donc compris qu'il était possible de systématiser les probabilités rencontrées dans les jeux de hasard et de les transformer en « coups gagnants ». Sans le savoir, Jaggers, Thorp et d'autres mathématiciens ont construit la théorie des jeux. Du point de vue mathématique, les jeux de hasard doivent être considérés comme une série d'expériences susceptibles de générer différents types d'événements aléatoires dont la probabilité peut être calculée en utilisant les propriétés de certaines lois appliquées à un nombre fini d'épisodes.

En fait, les mathématiques sont donc capables de mettre le hasard en échec. Pourquoi ? Parce que, en fin de compte, elles sont de la même nature que lui : le hasard est mathématiquement *programmé*. Comme nous l'avons vu, c'est bien ce qu'a toujours pensé von Neumann.

Reste pourtant un dernier problème. Qu'il s'agisse de von Neumann ou de Thorp, tous les scientifiques de cette époque connaissaient évidemment cette science de l'infiniment petit qu'on appelait un peu partout « mécanique quantique ». Ils étaient au courant des travaux de Max Planck, de Niels Bohr, ou de Werner Heisenberg sur le monde fascinant des particules élémentaires. Et surtout, ils savaient bien que pendant le cinquième Congrès Solvay, Einstein n'avait pas vraiment réussi à convaincre ses collègues que le hasard n'existe pas au pays des atomes. Serait-ce donc dans l'univers quantique, celui des atomes et des particules élémentaires, qu'il nous faudrait rechercher le « vrai » hasard ? Le hasard *pur* ?

Là encore, vous êtes sans doute loin de vous attendre à la réponse qui va suivre. Tout peut en être changé. A commencer par votre façon de voir le monde.

Chapitre 10

Le programme du hasard

Nous voici à nouveau en octobre 1927 – au soir du 29 – à Bruxelles.

Le Congrès Solvay tire à sa fin. On l'a vu, il a rassemblé depuis le début de la semaine la fine fleur des physiciens théoriciens venus du monde entier.

Il a plu toute la journée et ce soir-là, Albert Einstein a regagné à pied l'hôtel Métropole. Il est trempé jusqu'aux os. Mais si sa moustache est plus hérissée que jamais, ce n'est pas à cause du mauvais temps. Ce qui, décidément, ne lui plaît pas, c'est la tournure qu'ont prise les événements. Car jour après jour, à coups de conférences martelées par les plus grands – Bohr, Heisenberg, Born et les autres –, s'est peu à peu imposée cette idée invraisemblable – pour tout dire démoniaque – qui, aux yeux du père de la relativité, aurait dû rester pour toujours dans sa boîte : le hasard serait donc le seul à tirer les ficelles au cœur de l'infiniment petit. Pesant de tout son poids de chef du Congrès, Bohr le répète à qui veut l'entendre : pour constater que le hasard règne en maître dans la nature, il suffit de descendre au niveau des atomes.

Tout en recrachant une bouffée de sa pipe qu'il trouve décidément bien amère, Einstein se tourne vers Langevin. Par-dessus son épaule, soulignant chaque mot du plat de sa main, il lance une nouvelle fois cette phrase aujourd'hui célèbre : « Dieu est subtil. Mais il n'est pas malicieux. » Une autre façon de répéter que le Créateur ne joue pas aux dés.

Mais comment le prouver ?

Einstein a beau multiplier les expériences de pensée, chercher des exemples parlants, rien à faire. Un par un, irrésistiblement, ses collègues basculent. Même le fidèle Paul Ehrenfest a tranquillement changé de camp pour rejoindre celui de Niels Bohr.

Niels Bohr ! L'ami de toujours, devenu en moins d'une semaine son pire adversaire.

La pluie frappe à présent à coups redoublés sur la verrière de l'hôtel. Pour ramener un sourire sur la mine sombre d'Einstein, Langevin lui glisse alors quelque chose à l'oreille. Mais perdu dans ses pensées, le grand savant ne répond pas. Il tapote nerveusement ses doigts sur la table basse. Pour le dernier soir, il lui faut à tout prix trouver la parade. Clouer enfin le bec à tous ceux qui, au fil des jours, se sont ralliés à « la bande de Niels Bohr ».

Mais encore une fois comment faire ?

*

En face de lui, on l'a vu, Einstein a des opposants redoutables. A commencer par Heisenberg, le plus dangereux de tous après Niels Bohr. Son principe d'incertitude est un véritable bâton de dynamite, qui menace de faire sauter tout l'édifice de la physique. En quelques jours, la terrible formule du jeune physicien allemand blond aux yeux bleu ciel s'est répandue comme une traînée de poudre, dépassant même l'enceinte du Congrès pour gagner en écho les milieux intellectuels de Bruxelles. Que veut-elle dire ? Qu'il est radicalement impossible de connaître *en même temps* la position d'une particule et sa vitesse. Pour enfoncer le clou, les congressistes font désormais bloc autour des idées folles selon lesquelles, entre autres, il est impossible de prévoir à quel moment une particule va se désintégrer, ou encore pourquoi un grain de lumière – un photon – passe par un chemin plutôt que par un autre. Dans ses profondeurs, au niveau de ce qu'on appelle l'échelle quantique, il n'y a plus que le hasard pour expliquer ce qui se passe. La nature ? Inutile de chercher plus loin : elle est totalement, irréductiblement, *indéterminée* !

C'en est trop ! Sans un mot, le maître quitte son fauteuil et décide d'aller se coucher.

*

Le sommeil tarde à venir.

Toute la nuit, faisant les cent pas dans sa chambre, Einstein cherche la solution. Tourne les hypothèses dans sa tête. En vain. On l'a vu, il n'est pas parvenu à convaincre ses collègues que la nature sait où elle va. Qu'elle repose sur un ordre profond. Qu'au fond de l'invisible, même les particules élémentaires obéissent à des lois déterminées, à des variables cachées !

De retour en Allemagne, les jours suivants, il continue de chercher. Couvre de calculs des centaines de feuillets. Parle à des dizaines de savants. Toujours sans le moindre résultat.

Le hasard aurait-il gagné la partie ?

Peut-être pas. Car au début des années 1930 un premier coup de tonnerre, totalement inattendu,

ébranle soudain les fondations encore toutes
jeunes de la nouvelle physique des atomes.

*

Le coup est venu de là où personne ne l'attendait. D'Autriche ! Et qui plus est d'un jeune
étudiant totalement inconnu. Son nom ? Trois
syllabes sèches, un peu difficiles à prononcer :
Kurt Gödel.
Gödel !
Un nom qui sent bon la légende et le mystère.
Un nom aujourd'hui mythique. Celui du plus
grand logicien depuis Aristote ! Mais en 1930,
Gödel n'est encore qu'un jouvenceau de vingt-
quatre ans au regard arrondi par d'énormes
lunettes. A peine plus qu'un gamin, avec ses
cheveux lisses bien peignés en arrière. Il parle
allemand avec un reste d'accent tchèque mé-
langé à des intonations yiddish qui traînent
par-ci par-là. Mais ça ne l'empêche pas de poser mille questions. Une habitude qu'il a prise
au saut du berceau, à tel point qu'il a vite été
surnommé « monsieur pourquoi ». Et quand le
petit Kurt est bien luné, il apporte parfois du
haut de ses cinq ans des réponses qui laissent
bouche bée ses parents.

Prenant des raccourcis, il traverse en courant le collège, apprend plusieurs langues au passage et, à peine essoufflé, arrive à l'université de Vienne. En vrac, il y découvre la philosophie (il dévore les ouvrages de Kant), la littérature et surtout les mathématiques. Et c'est là-bas qu'il se pose ses premières vraies questions. Un jour de l'automne 1923, au fond de la bibliothèque, subjugué par l'énorme pile de livres qu'il s'est promis de lire avant la fermeture, il donne un coup de coude à son voisin de table : est-ce qu'il existe des choses que, malgré tous ses efforts, on ne pourra jamais connaître ? Son camarade hausse les épaules. Mais peu importe, Kurt sent qu'il tient quelque chose de grandiose. Une sorte de clef qu'il ne comprend pas encore, mais qui pourrait bien ouvrir l'une des portes les plus importantes de tout l'Univers. Et il va chercher à tâtons pendant des années. Sept ans de travail acharné, au cours desquels il couvre des milliers de pages de symboles incompréhensibles.

*

Nous voici en 1930. Toujours très attiré par les questions philosophiques sans réponse, Gödel s'est inscrit dans un cercle de pensée aujourd'hui célèbre, le fameux « cercle de Vienne ». Il y côtoie les philosophes fondateurs de ce qu'on appelle le « positivisme logique », entre autres l'impressionnant Ludwig Wittgenstein, avec son regard de braise, Rudolf Carnap, rigoureux à l'extrême, ou encore l'attachant Moritz Schlick, qui finira assassiné en 1936. Tous des jeunes gens, portés par un idéal de pensée selon lequel la philosophie doit désormais reposer sur la logique et rien que la logique. Un soir d'août 1930, le 26 exactement, les jeunes gens se retrouvent au café Reischsrat. On y prépare dans la fièvre une expédition pour Königsberg, la ville natale du grand Emmanuel Kant. C'est là, dans la vieille cité aux sept ponts, que doit se tenir un important congrès (le deuxième du genre) sur le renouvellement de la connaissance par la science, en particulier les mathématiques. Gödel sait qu'il y rencontrera les meilleurs et il s'y est longuement préparé. Mais il lui faut être certain de ce qu'il va dire. Entre deux chopes de bière, il tire Carnap par la manche et lui raconte à voix basse ce qu'il a en tête. Un étrange raisonnement, qui laisse Carnap perplexe. De quoi s'agit-il ? Tout simplement des rudiments, encore mal dégrossis, de sa théorie de l'incomplétude. Mais ce jour-là, Carnap passe à côté de la découverte. Les choses ne s'arrangent pas à Königsberg. Le 5 septembre, un peu intimidé, le jeune Gödel (n'oublions pas qu'il n'a pas encore vingt-cinq ans) prend la parole. Mais noyée entre les géants que sont Heisenberg, von Neumann et d'autres, la communication de Gödel se perd dans les sables. Presque personne n'a saisi l'importance – ni même compris un traître mot – de ce qu'il s'est efforcé d'exposer, en s'aidant de calculs au tableau. Personne sauf John von Neumann. On l'a vu dans le chapitre précédent, il est littéralement fasciné. Et il va tirer de l'exposé du jeune homme une nouvelle clef qu'il va utiliser pour comprendre dans quelle mesure, finalement, le hasard n'existe pas, même au pays des particules élémentaires. Nous allons y revenir dans un instant.

En attendant, malgré les compliments enthousiastes de von Neumann, le jeune Autrichien est furieux contre lui-même. Il a totalement raté sa cible. Il doit tout reprendre à zéro. De retour à Vienne il s'enferme dans sa chambre. Et se met au travail. De longs mois au bout desquels, après d'interminables nuits blanches, il apporte enfin la réponse. Et quelle réponse ! Cette fois, il a en main un théorème. Un vrai. Solide comme le roc. A première vue, un énoncé mathématique comme un autre. Sauf qu'il porte un titre qui a quelque chose d'inquiétant : le théorème d'incomplétude ! Très vite, ceux qui (comme le grand mathématicien Hilbert, le maître tout-puissant de l'université de Göttingen) le découvrent en 1931 dans une revue de mathématiques ont le choc de leur vie. Jamais ils n'ont vu une chose pareille.

Qu'a donc découvert le jeune Gödel ?

Quelque chose d'inouï. De si brûlant qu'aujourd'hui encore, l'incendie ne cesse de se propager loin des mathématiques pures, dans tous les secteurs de la connaissance. Cette fantastique révolution, qui donne le vertige aux esprits les mieux accrochés, tient pourtant en quelques mots simples : *tout système logique est inéluctablement incomplet !* Sous ses airs inoffensifs, cet énoncé a des effets ravageurs. Entre autres, il met brutalement fin à des siècles de tentatives pour faire des mathématiques un système complet, capable de résoudre tous les problèmes qui peuvent se poser un jour ou l'autre. Pire que tout, les mathématiciens du monde entier réalisent (parfois avec horreur) qu'il existe des choses vraies qu'il sera à tout jamais *impossible* de démontrer ! Le rêve de Hilbert s'effondre en poussière. Au désespoir, l'immense mathématicien ne s'en relèvera jamais.

Au contraire, Einstein est littéralement captivé par l'étrange théorème. Il n'en faut pas davantage pour que Gödel cherche à nouer le contact à Berlin. Mais trop tard. En 1933, Hitler prend le pouvoir. Très vite, les premiers nazis commencent à hanter les rues de la capitale. Einstein n'a jamais oublié que son ami de toujours, le ministre des Affaires étrangères Walther Rathenau, a été assassiné dans sa voiture en 1922. Criblé de balles, simplement parce qu'il était juif. Depuis, le père de la relativité a reçu plusieurs menaces de mort. Prenant les devants, il tourne alors pour toujours le dos à l'Europe et s'envole pour l'Amérique en 1933. Gödel, lui, vit en Autriche, encore à l'abri pour quelque temps. Cette même année 1933, il vogue à son tour vers l'Amérique, pour un court séjour, où il rencontre pour la première fois Einstein. C'est à Princeton, au célèbre Institut des études avancées, que commencent leurs premiers échanges scientifiques. Et que débute entre eux une amitié inébranlable.

*

Mais le temps se gâte. Par un jour assombri de 1938, l'Anschluss foudroie d'un coup l'Autriche.

Dans le bruit infernal de leurs chenilles, les chars allemands envahissent l'élégante capitale impériale. Bientôt, tous les quartiers tombent entre les mains des nazis. Mains gantées derrière le dos, les SS étalent au grand jour leur jubilation de fouler le sol d'une nouvelle terre allemande au cœur de l'Europe.

Et ce qui devait arriver arriva.

Alors qu'il se promenait tranquillement à Vienne avec son épouse Adèle, Gödel est soudain pris pour un juif par une bande de jeunes armés de lourdes massues. Un escogriffe s'avance vers lui. Il le dépasse d'une tête et, à l'aide d'un fouet, fait sauter ses lunettes. L'instant d'après, un autre lui fracasse sa matraque contre les reins. Soudain livide, Gödel tombe à genoux. Avant qu'il ait eu le temps d'ouvrir la bouche, il est jeté à terre et roué de coups. Il est laissé pantelant sur le pavé. L'alerte a été chaude, mais la leçon l'est encore bien davantage. Sans demander leur reste, Kurt et Adèle émigrent à leur tour en Amérique. Le mathématicien retrouve enfin Einstein à Princeton, les deux savants ne se quitteront plus.

Mais revenons un instant en 1933. Où donc Einstein en est-il de sa quête au moment où il débarque en Amérique ? Pratiquement nulle part. Il n'a pour ainsi dire pas progressé d'un pouce dans sa tentative de démontrer que Dieu ne joue pas aux dés. Jusqu'à ce qu'il rencontre

Gödel. Certes, le père de la relativité n'ira pas très loin dans son exploration du principe d'incomplétude. Il n'a jamais été particulièrement à l'aise avec les mathématiques et les raisonnements de Gödel, émaillés d'interminables suites de symboles incompréhensibles, ne sont pas pour le faire changer d'avis. Mais après quelques soirées de lecture et de bonnes discussions avec le jeune homme. Il croit enfin détenir la parade. Un sourire éclaire sa moustache. Il en sait assez pour proposer en 1935 une nouvelle « expérience de pensée ». Son but ? Montrer – cette fois sans bavure – que le hasard n'est pas – *ne peut pas être* – le maître de la nature. De quelle façon ? En prouvant que la mécanique de l'infiniment petit – la mécanique quantique – est *incomplète* !

*

Nous voici à un nouveau tournant dans l'œuvre du savant. Avec deux de ses collègues, Boris Podolsky et Nathan Rosen, Einstein publie donc un paradoxe qui va rapidement devenir célèbre sous le titre de « paradoxe EPR ». Sans entrer dans les détails, signalons simplement que pour Einstein, existe l'état d'une particule avant toute mesure alors que ce n'est pas possible pour Bohr et pour tous ceux qui croient dur comme fer que la nature est indéterminée. A partir de là, l'argument d'Einstein est simple : notre connaissance de la nature est *incomplète* et on doit tenir compte de ce qu'il appelle sans cesse des « variables cachées ». Autrement dit, à ses yeux, une particule a beau donner l'impression qu'elle se comporte « au hasard », en réalité, elle obéit à des lois que nous ne connaissons pas. En somme, des « variables cachées ».

L'argument est intéressant. Il débouche sur une nouvelle série de discussions enfiévrées entre Einstein et Bohr. Le découvreur de la relativité va-t-il enfin avoir raison de son vieil adversaire ? Hélas pour lui, c'est loin d'être le cas. Une fois relancé par le fameux paradoxe EPR, le débat va durer vingt ans. Mais de nouveau, Einstein n'en sortira pas vainqueur. Pourquoi ? Parce qu'il a beau avoir côtoyé de très près le découvreur du théorème d'incomplétude, avoir marché avec lui pendant des heures dans le parc de Princeton, en réalité il lui a manqué deux pièces essentielles. Deux éléments qui, peut-être, vont nous permettre de mieux voir en quoi, d'une certaine façon, Einstein avait raison lorsqu'il affirmait dès les années 1920 que Dieu ne joue pas aux dés.

La fin du hasard

*

La première pièce manquante, nous allons donc la chercher du côté de Gödel et de l'incomplétude. Et sur notre chemin, nous allons retrouver John von Neumann.

Von Neumann !

Comme nous l'avons vu, c'est un esprit d'exception. Le grand physicien George Pólya (l'un des maîtres des « mathématiques du hasard ») l'a eu comme élève à l'Ecole polytechnique de Zurich. Il dira de lui dans son passionnant album de rencontres avec les plus grands mathématiciens du monde : « C'est le seul de mes étudiants qui m'ait intimidé. Il était tellement rapide[1] ! »

Et rappelez-vous ! C'est von Neumann qui, le premier, a été saisi par la beauté – la vérité – du théorème d'incomplétude. Du coup, son idée est fulgurante : pourquoi ne pas tout simplement appliquer ce puissant théorème aux phénomènes observés à l'échelle quantique ? Aussitôt dit, aussitôt fait ! Dès 1932, von Neumann publie son approche de la question. Et il en tire cette idée (d'une rare force) selon

---

1. George Pólya, *The Pólya Picture Album : encounters of a mathematician,* Michigan : Birkhaüser, 1987.

laquelle les événements à l'échelle des particules élémentaires ont beau être flous, bien peu accessibles, en réalité, c'est la connaissance que nous en avons qui est incomplète. A vrai dire, *irréductiblement* incomplète ! La situation est clairement résumée dans l'une de ses formules favorites : *le hasard doit être vu comme une sorte d'incomplétude essentielle.* Et histoire de bien mettre les points sur les i, il ajoute à propos de la mécanique quantique : « Il n'y a aucun sens à tenter d'être précis quand on ne sait même pas de quoi on parle[1]. »

Une incomplétude essentielle !

Nous voici donc face à un début de recul forcé du hasard. Pour cela, il a suffi à von Neumann d'aller chercher le grand théorème de Gödel puis de tranquillement l'appliquer à la réalité physique. Mais une fois lancé, von Neumann ne va pas s'arrêter là. Il lui faut asseoir son idée sur des bases solides. Ces bases, il va les trouver dans cette théorie toute nouvelle (et aux résultats impressionnants) qu'est la théorie de l'information. Et les choses se précisent. Pour avancer, von Neumann se pose sans sourciller une question que personne avant lui n'a osé

---

1. John von Neumann, *Selected Letters*, éd. par Miklós Rédei, American & London Mathematical Societies, 2005.

aborder : comment comprendre le prétendu hasard contenu dans un phénomène quantique ? La réponse est lumineuse : en assimilant le hasard à une forme de désordre apparent. Plus précisément, à un défaut d'information – une incomplétude – qu'on appelle en physique l'*entropie*. A partir de là, le statut du hasard dans l'infiniment petit apparaît sous un jour entièrement nouveau. Certes, les événements qui se produisent dans le monde des atomes sont aléatoires. Entourés d'une sorte de brouillard impénétrable. Malgré quelques alertes par-ci par-là, le sacro-saint principe d'incertitude n'a jamais été pris en défaut. Et ne le sera sans doute jamais. Mais l'explication avancée par von Neumann calme le jeu. En un mot, les phénomènes qui surviennent au sein du brouillard ont beau être invisibles, pour autant, cela ne veut pas dire qu'ils se déroulent au hasard. Bien au contraire. Une seule chose est sûre : la connaissance que nous avons de ces phénomènes est inévitablement *incomplète* et il ne pourra jamais en être autrement. C'est la conclusion à laquelle est parvenu le grand physicien français Bernard d'Espagnat, lauréat en 2009 du prix Templeton. Nous l'avons rencontré en 1983 à l'université d'Orsay, au moment même où il élucidait les principaux enjeux de la fameuse expérience d'Aspect sur la téléportation quantique. Pour avoir travaillé avec Enrico Fermi à Chicago et avec Niels Bohr à Copenhague, il a plongé en profondeur dans le monde quantique. Et il en a retiré la conviction que « le réel est voilé et qu'il est destiné à rester voilé ». Autrement dit, incomplet. A ce propos, revenons quelques années en arrière.

Gödel lui-même était profondément convaincu que notre connaissance de la réalité était incomplète. A tel point qu'il était extrêmement chatouilleux lorsque par malheur, on s'aventurait à aborder le sujet au débotté. Le physicien américain John Wheeler – l'inspiré inventeur du terme « trou noir » – en a d'ailleurs fait la surprenante expérience. Un jour (vers la fin des années quarante), il avait débarqué sans crier gare dans le bureau du grand logicien. L'hiver faisait rage et Gödel, sourcils froncés, était emmitouflé jusqu'aux oreilles dans une couverture écossaise. Vaguement intimidé, Wheeler avait alors prudemment demandé s'il pouvait exister un lien entre incertitude et incomplétude. Sur ces mots, Gödel était soudain entré dans une colère noire. L'instant d'après, sans qu'il ait pu ouvrir la bouche, Wheeler s'était retrouvé à la porte. Il faut dire que pour Gödel, inébranlable soutien d'Einstein, Wheeler faisait partie de la « bande de Bohr », pour lesquels Dieu jouait aux dés. Ceci explique sans doute cela.

Heureusement depuis, l'idée a fait son chemin. A la suite de Wheeler, le célèbre philosophe des sciences Karl Popper a posé la même question, entraînant dans la foulée de nombreux physiciens. Parmi ces nouveaux contestataires, la voix du mathématicien anglais Ian Stewart, de l'université de Warwick, se fait entendre avec force : « Selon moi – et je ne suis plus le seul à le penser – il y a quelque chose de clairement suspect dans l'interprétation habituelle de l'indétermination quantique. Ceci parce que de plus en plus de physiciens commencent à se demander si Einstein n'avait pas bel et bien raison d'affirmer que quelque chose manque à la mécanique quantique conventionnelle, en particulier les "variables cachées" dont les valeurs commanderaient aux atomes à quel moment ils doivent se désintégrer[1]. » Comment préciser un tel « manque » ? En clarifiant le lien entre incertitude et incomplétude. Un bon exemple de cette indispensable mise au point nous est fourni par l'un des maîtres du hasard quantique, Christian Calude, de l'université d'Auckland. Sans sourciller, il a écrit en 2005 dans un article

---

1. Ian Stewart, *Nature's Numbers*, *op. cit.*

explosif : « L'incertitude implique le hasard qui, à son tour, implique l'incomplétude[1]. »

Qui dit mieux ?

A ce stade, une façon de mieux comprendre tout cela consiste à remplacer le fameux principe d'incertitude par un concept nouveau, peut-être mieux adapté à la véritable nature du hasard : le *principe d'incomplétude*. On a le droit d'être surpris mais en réalité, ce nouveau principe que nous proposons nous permet de saisir facilement que ce que nous appelons « hasard » n'est autre que la manifestation physique, dans les profondeurs de la matière, de ce qu'avec un talent visionnaire, Gödel a appelé « incomplétude ».

Mais ici surgit une nouvelle question, tout aussi passionnante que celle qui précède : quelle est la source profonde de cette incomplétude ? D'où vient-elle ? La réponse va nous permettre de trouver une deuxième clef de la nature, qui va nous aider à mieux comprendre pourquoi Einstein s'est tant obstiné, tout au long de sa vie, à marteler que Dieu ne joue pas aux dés.

*

---

1. C.S. Calude et M.A. Stay, « From Heisenberg to Gödel via Chaitin », *Int. J. Th. Physics*, vol. 44 (7), 2005.

Celui qui va nous ouvrir la voie est un logicien d'origine ukrainienne. Son nom ? Leonid Levin. Il est né en 1948, date à laquelle le mathématicien américain Claude Shannon a publié son article fondateur de la théorie de l'information. Il fait plus soviétique que nature, avec sa barbe mal taillée et son regard oblique. Levin est aujourd'hui chercheur à l'université de Boston. Mais derrière le rideau de fer, il a eu la chance d'avoir pour directeur de thèse à Moscou Andreï Kolmogorov, l'inoubliable découvreur de la théorie de la complexité. Rappelons que Kolmogorov nous a appris que le contenu en information caractérisant un objet est donné par la taille du programme (que l'on mesure en bits) permettant de « construire » cet objet. Le lien n'est pas anodin. Car grâce à Kolmogorov, très tôt, Levin s'est mis en embuscade pour traquer le hasard. Le *vrai* hasard ! L'a-t-il trouvé ? En réalité, sa quête a débouché sur quelque chose de bien plus étrange que ce qu'il cherchait.

Tout comme von Neumann avant lui, Levin est parti du théorème d'incomplétude. Or en 2007, à sa totale stupéfaction, il découvre que certaines des informations qui appartiennent au monde mathématique ne peuvent – ne pourront jamais – être tirées du monde physique. Et à l'inverse ? C'est là qu'on a envie d'applaudir. En effet, Levin montre que les informations du monde physique ont pour source un monde abstrait, d'essence mathématique !

Mais les choses sont loin de s'arrêter en si bon chemin.

La deuxième étape, Levin la franchit en proposant une surprenante conjecture réglant les rapports entre le monde physique et le monde mathématique. Que nous dit-il ? Là encore, quelque chose qui va mettre le feu aux poudres : les informations caractérisant les phénomènes physiques ne peuvent pas – ne pourront jamais – modifier les informations propres au monde mathématique. Il en résulte une sorte de « loi de conservation de l'information » qui fait de l'information mathématique un domaine invariant, totalement insensible à la matière, sur lequel il sera à jamais impossible d'agir à partir du monde physique.

Et finalement, la conclusion vers laquelle nous entraîne irrésistiblement Levin a quelque chose de bouleversant. Car au bout de la découverte du logicien, nous débouchons sur une vision entièrement nouvelle du hasard. En somme le hasard tel qu'il existe *vraiment*. Qu'est-il devenu ? Un simple reflet dans le monde physique de quelque chose qui est inscrit dans ce monde indépendant – *transcendant* – qu'est le monde mathématique.

Cette vision, qui a de quoi ébranler nos croyances les plus solides, vient d'être tout récemment mise au jour par l'un des meilleurs spécialistes du hasard, le physicien théoricien suisse Nicolas Gisin, directeur du Groupe de physique appliquée de l'université de Genève. Ce grand amateur de hockey à ses moments perdus est devenu au fil des ans l'un des experts mondiaux de ce qu'on appelle la « téléportation quantique » (ou comment téléporter instantanément une particule d'un point à un autre). Chemin faisant, il s'est posé cette question, la même que celle qui a résonné aux oreilles d'Einstein sous le plafond de l'hôtel Métropole en 1927 : qu'est-ce que le vrai hasard ? Le hasard totalement pur, celui que l'on rencontre dans le monde des atomes ? La réponse qu'il apporte a de quoi surprendre : « C'est quelque chose qui vient de l'extérieur de l'espace-temps[1]. » De l'extérieur ? Mais d'où donc ? Rapprochons-nous – une nouvelle fois – d'Einstein. Pour lui, l'extérieur de l'espace-temps (ce qui est au-dehors de ce qu'on appelle le cône de lumière)

---

1. www.podcastscience.fm/dossiers/2013/04/28/limpensable-hasard-retranscription-de-linterview-de-nicolas-gisin/

a un nom : *l'Ailleurs*. Or par définition, cet Ailleurs ne contient ni matière ni énergie. Et justement : nos propres travaux semblent indiquer que la seule chose qui subsiste « là-bas », c'est, bien sûr, *l'Information*. Quelque chose d'immatériel, qui n'existe pas dans le temps réel (le bon vieux temps de nos montres) mais dans cet autre temps, que les mathématiciens évoquent avec une jubilation secrète sous le nom – plutôt frappant – de « temps imaginaire ». Un temps qui a de bonnes raisons de nous émerveiller : il est mesuré par des nombres *imaginaires* !

Du coup, tout bascule. Et nous tenons peut-être là, au cœur de cette réalité que, depuis quelques années, les scientifiques appellent l'Information, la source profonde du hasard. Une source certes très inattendue mais, au fond, tout à fait naturelle.

*

Arrêtons-nous un instant. En quoi cette nouvelle source va-t-elle nous aider à découvrir le vrai visage du hasard ? Un hasard qui n'existerait pas « au hasard » ? Sur notre chemin, nous allons rencontrer l'un des géants de la physique d'aujourd'hui. Son nom ? John Bell. Nous n'avons jamais oublié le passionnant courrier reçu de lui au début des années 80. Une lettre à l'en-tête du CERN, où filtrait sa façon bien à lui, élégante mais non conformiste, de voir le hasard.

Ce grand savant barbu (disparu bien trop tôt) a impressionné ses contemporains par la puissance souvent révolutionnaire de ses idées. Voilà qu'en 1964, il apporte une réponse – foudroyante – à la question explosive posée par Einstein, sur un mode dramatique, trente ans plus tôt : existait-il, au-delà de ce que nous pouvons toucher et voir dans la réalité de tous les jours, des « variables cachées » qui pourraient expliquer le comportement insaisissable – les zigzags hasardeux – des particules élémentaires ? Pendant des années, John Bell a plongé dans les calculs, mains sur le front. Des équations difficiles, résistant au crayon comme à l'ordinateur. Jusqu'à ce qu'émerge enfin la solution qui porte ce nom aujourd'hui mythique : les « inégalités de Bell ». Que nous disent-elles ? En gros, qu'il existe une frontière au-delà de laquelle les notions pourtant si banales d'« ici » et de « là-bas » s'effondrent. Autrement dit, deux particules matérielles que l'on pourrait croire séparées l'une de l'autre sont, en réalité, mystérieusement « reliées ». Par quoi ? Justement, par cette chose somme toute étrange que, faute de mieux, on appelle « Information ». Tout est là : alors que, visiblement, les particules sont bel et bien éloignées les unes des autres, en réalité, l'Information qui les caractérise (et détermine ce qu'elles sont) les relie instantanément, par-delà l'espace et le temps.

Rêve de théoricien ? Pas le moins du monde. En 1983, au beau milieu d'une forêt de tubes, de bobinages et de canons à laser, nous avons eu la chance de réaliser pour notre émission *Temps X* le tout premier film sur cette étrange « expérience d'Aspect ». Une expérience connue à présent dans le monde entier, grâce à laquelle, pour la première fois, le jeune Alain Aspect (aujourd'hui à l'Académie des Sciences) a confirmé à grand fracas les idées de John Bell. Ce qui, bien sûr, a des conséquences spectaculaires pour ce qui est du hasard. Que tirer de tout cela ? Quelque chose qui nous mène au bord d'un nouveau monde. Car la fameuse « variable cachée » cherchée par Einstein – cette variable qui met le hasard en échec – pourrait n'être rien d'autre qu'un nuage de nombres. Le hasard ? Selon ce nouveau point de vue, il pourrait surgir – mais justement, pas au hasard – de ce nuage numérique. La clef pourrait donc bel et bien se trouver là-bas, dans le nuage

– le *cloud* cosmologique – mais elle ne nous est pas accessible. D'où notre connaissance à jamais incomplète de la réalité. Et surtout de ce fameux hasard qui nous arrive sans crier gare de l'extérieur de l'espace-temps.

Sous cet angle nouveau et captivant, le hasard apparaît donc comme un phénomène *programmé*. En somme, la manifestation (de l'infiniment petit jusqu'à notre réalité de tous les jours) d'une suite d'instructions inscrites au sein d'une information mathématique. Dans la même direction, l'auteur de l'impressionnante théorie des catastrophes, le mathématicien René Thom (couvert des plus hauts lauriers académiques), franchit un nouveau pas lorsqu'il déclare en toute tranquillité que ce sont les « structures mathématiques qui ordonnent les phénomènes[1] ». On peut alors accepter assez facilement qu'à l'échelle de l'information source – c'est-à-dire à l'échelle mathématique – le hasard n'existe plus du tout et se réduit simplement à des bits d'information. Mais la fabuleuse conséquence de la découverte de Levin, c'est que ces bits d'information déterminés

---

1. http://plasticites-sciences-arts.org/PLASTIR/Lestocart%20P9.pdf

entraînent, à l'échelle de la réalité matérielle, l'existence de degrés de liberté – en fait d'un hasard « programmé » – sur lequel repose le comportement imprévisible, à l'échelle de nos vies, des particules élémentaires.

Et à l'échelle de nos vies, notre liberté.

*

Faisons un dernier point.

Après notre plongée dans l'infiniment petit, nous allons à présent changer d'échelle. Nous tourner vers l'infiniment grand. Que se passe-t-il à l'échelle de l'Univers ? Dieu joue-t-il aux dés avec les milliards d'étoiles et de galaxies ?

Pour trouver la réponse, nous allons à présent revenir aux sources. Là où, pour la première fois, face à la terreur stalinienne, un petit groupe d'hommes a remis en cause l'éternité de la matière cosmique. Plus que jamais la lutte entre l'ordre et le hasard va faire rage.

Chapitre 11

Les quatre mousquetaires

Un peu plus de vingt ans se sont écoulés depuis la fameuse conférence de Boltzmann. Entre-temps, la guerre est passée par là et a figé toutes les questions fondamentales. Tous les progrès.

Le hasard ?

Il est d'autant plus à l'abri que plus personne ne remet en cause l'idée que l'Univers est éternel. Au fond, dans un cosmos qui n'a ni commencement ni fin, où la matière règne en maître absolu, le hasard a bien une petite place. Qui pourrait prétendre le contraire ? Boltzmann ? Atterré par les moqueries méprisantes de ses collègues, le savant visionnaire a mis fin à ses jours. Ses enfants l'ont retrouvé pendu, un soir grisâtre de 1906. Depuis, ses idées ont sombré dans l'oubli.

*

Pourtant, au fin fond de la Russie, la flamme va repartir.

Nous voici en février 1924, dans une obscure salle de classe de l'université de Leningrad. La ville est plongée dans la noirceur d'un hiver plus terrible que jamais. Lénine vient de disparaître en janvier. Deux ans plus tôt, le 3 avril 1922, Staline est devenu le tout-puissant secrétaire général du Parti communiste bolchevique. Depuis, sa main de fer s'est abattue sur l'immense Russie.

Au fond de la classe, un poêle à bois ronfle bruyamment, luttant contre la neige qui tombe à gros flocons muets dans la grisaille. Un jeune étudiant blond à lunettes est assis sur la banquette sans dossier du premier rang. Il a vingt ans et s'appelle George Gamow. Grâce à ses parents, tous deux enseignants dans la ville légendaire d'Odessa, il est devenu un as en mathématiques et n'a pas son pareil pour résoudre en un clin d'œil les problèmes les plus compliqués. Il n'a jamais oublié ce jour d'anniversaire où son père lui a offert un magnifique télescope pour ses treize ans. Au pas de course, il a appris en plus du russe six autres langues qu'il possède sur le bout des doigts. Pour l'heure, il griffonne sur son petit carnet de longues séries de calculs, emmitouflé dans un manteau noir qui le protège mal du froid glacial.

A ses côtés sont assis trois autres étudiants. Celui dont il est le plus proche s'appelle Lev Landau. Ce jeune prodige a tout juste seize ans et a décroché son bac en 1921, à treize ans. Depuis sa tendre enfance, il s'amuse à calculer de tête des équations qui font frémir ses parents et ses professeurs. Un peu plus loin, se tient, très droit, Matveï Bronstein, son visage en lame de couteau et sa passion dévorante pour les atomes. Enfin, il y a Dmitri Ivanenko, ses yeux froids et sa prodigieuse puissance de travail. Il est capable de rester plusieurs nuits sans dormir afin de résoudre un problème. Les quatre ne se quittent jamais et ont fondé un groupe devenu célèbre dans tout Leningrad, « les quatre mousquetaires ». En attendant leur professeur, les élèves bavardent ou chahutent gentiment entre eux. Excepté les quatre mousquetaires. Eux calculent. Mais de tête. A tour de rôle ils se lancent de redoutables défis en calcul mental. Et ce jour-là, c'est Gamow qui gagne, déclenchant une formidable ovation de ses camarades. Soudain, le professeur entre dans la salle. Le silence se fait d'un coup.

*

L'homme qui monte sur l'estrade d'un pas mal assuré est le mathématicien et météorologue Alexander Friedmann. Il ne nous reste aujourd'hui de lui qu'une seule et unique photo, à demi effacée par le temps. Il est pâle et cache une grande timidité derrière ses lunettes ovales. De plus, il est fatigué par une longue ascension en ballon qu'il a effectuée le matin même, à plus de quatre mille mètres d'altitude.

Le cours commence. De la main droite, le mathématicien trace sur le tableau noir les fameuses équations d'Einstein, ces équations qu'il connaît si bien depuis des années. Comme il lit et écrit parfaitement l'allemand, il a découvert la relativité avant tout le monde. Et dès 1920, il va bien plus loin que ses collègues. Plus loin qu'Einstein, même ! Car Friedmann le sait, pour le génial père de la relativité, le cosmos est immuable, depuis toujours et pour l'éternité. En bref, il est fixe. Or, cette fixité est contraire à tout ce qu'il sait. Car à la différence de la plupart de ses collègues, Friedmann a suivi pas à pas l'évolution des idées à l'étranger. Il entretient autant qu'il le peut des relations avec les physiciens venus du dehors. Parmi ces visiteurs, il y a un certain Paul Ehrenfest. On l'a vu, c'est l'un des fidèles compagnons d'Einstein jusqu'à la fin de sa vie (même si, contre la ferme conviction du maître, il a fini par rejoindre Niels Bohr et ses alliés pour soutenir que le monde des atomes est gouverné par le pur hasard). D'origine juive (ce qui lui vaudra beaucoup d'ennuis dès 1930) ce physicien de premier plan passe pour être l'un des meilleurs pédagogues que l'université allemande ait jamais eus. Mais ici vient le plus intéressant. Bien avant d'arriver à Pétrograd (où il a accompagné son épouse) Ehrenfest a suivi en Autriche les cours de Boltzmann. C'est pourquoi les idées du légendaire savant sur l'entropie n'ont aucun secret pour lui. Passionné par les cours de Friedmann, Ehrenfest ne va pas rater une seule occasion pour lui rapporter les merveilles qu'il a découvertes chez Boltzmann, en particulier l'entropie. Bientôt, le savant russe en est convaincu : si on applique l'idée d'entropie à l'Univers entier, alors forcément, il faut aussi introduire une limite dans le passé. Et accepter que le cosmos ne peut pas être éternel.

Cette idée est pour le moins sidérante. Mais en 1924, Friedmann est d'autant plus disposé à l'accueillir qu'il vient de remarquer un détail gênant au milieu des calculs d'Einstein. Ce n'est pas grand-chose en apparence, mais cela fait exploser tout l'édifice. En effet, sans doute dans l'embarras, le père de la relativité s'est résigné à ajouter « à la main » en 1915 un terme qui n'a rien à faire dans ses équations, un paramètre totalement étranger, qu'il a appelé la « constante cosmologique » et qui, malheureusement, fausse ses propres résultats. De quelle façon ? En faisant dire aux calculs le contraire de ce qu'ils prédisent en réalité. Et ce jour-là, Friedmann est bien décidé à rétablir la vérité au tableau. Sans se retourner, il lance de sa voix haut perchée qu'une fois débarrassées de la constante cosmologique, les équations d'Einstein prédisent que l'Univers n'est pas éternel. Qu'il a eu un commencement !

Un murmure flotte dans la salle. Gamow et ses camarades n'en croient pas leurs oreilles. C'est la première fois que Friedmann ose proférer une chose pareille en plein cours. Et il faut du courage. Car pour les nouveaux maîtres de l'Union soviétique – Staline en tête – la matière n'a ni commencement ni fin. Oser affirmer le contraire est dangereux. Le tout-puissant Molotov, aidé par le chef de la police secrète, le sanglant Félix Dzerjinski, veille à l'application stricte du matérialisme dialectique dans un Univers où Dieu est remplacé par le hasard. Mais ce n'est pas l'avis de Friedmann, loin de là.

Heureusement, à l'université de Leningrad, on

est encore loin de se douter que ce mathématicien taciturne, qui passe timidement dans les couloirs, a des idées révolutionnaires et deviendra bien plus tard le mythique père fondateur du Big Bang, auquel il donnera son nom[1]. Seul Gamow sait que son génial professeur a publié son premier article en 1906 à l'âge de dix-sept ans à peine, dans les imprenables *Annales de Mathématiques* dirigées par le légendaire mathématicien allemand David Hilbert. En ce jour lointain de 1924, le turbulent Gamow ne sait presque rien sur l'Univers. Il ne sait pas quelle est sa forme. Il ignore totalement son âge. Il ne sait même pas qu'il existe des milliards d'autres galaxies en dehors de la Voie lactée. Mais ce qu'il sait, ce à quoi il croit dur comme fer, c'est que le cosmos a un commencement. Et qui plus est, qu'il n'est pas né « comme ça », par hasard ! Avec Landau et Bronstein, il passe de longues heures à refaire les calculs de Friedmann. Et pour les quatre mousquetaires, il n'y a aucun doute, Friedmann a bel et bien raison. Et si l'Univers a bel et bien une origine, alors le sacro-saint hasard si cher aux camarades du Parti n'a rien à voir avec ce commencement !

---

1. Le modèle standard du Big Bang porte le nom de « Modèle Friedmann-Lemaître ».

*

Mais comment en apporter la preuve ?

En ce sombre début des années 1920 (encore plus sombre en Russie qu'ailleurs) les « sottises contre-révolutionnaires » sur l'origine de l'Univers sont sur le point d'être muselées. C'est sans compter toutefois sur la force de Friedmann et l'énergie farouche de Gamow. Ses hypothèses sur la première trace laissée par la naissance de l'Univers commencent lentement à se frayer un chemin dans sa tête. Avec, au bout, cette conviction qu'il existe quelque chose de très mystérieux au point de départ du cosmos. Un formidable secret que nous allons progressivement découvrir avec ce physicien décidément pas comme les autres et qui, peu à peu, va nous mener bien au-delà du Big Bang – jusqu'à la fin du hasard.

Chapitre 12

L'ordre interdit

Nous retrouvons Friedmann en 1925. Plus que jamais, il est décidé à faire avancer ses idées. Il n'a pas réussi à rencontrer Einstein, malgré ses nombreuses tentatives. Mais ce dernier a apporté un soutien public à ses idées (même si, il le sait, le père de la relativité n'est toujours pas convaincu…). Reste que cette petite victoire a redonné de l'espoir et même de l'énergie au savant russe. Sous des dehors timides, Friedmann a un caractère d'acier. Il a été pilote, chef de guerre en 1914. Dès les années 1920, il est passé des aéroplanes aux ballons-sondes. C'est pourquoi plus rien ne lui fait peur. Ni les critiques de ses collègues. Ni les troupiers de la police secrète qui, à l'improviste, font parfois irruption au beau milieu de ses cours pour en « redresser » le contenu. Et il ne reculera pas. Car de plus en plus, le voilà convaincu que l'Univers n'est pas éternel. Qu'il n'est pas livré pieds et poings liés au hasard.

Et voilà qu'un beau jour d'été 1925, il s'élance à bord d'un modèle flambant neuf à la conquête du ciel. Hélas, le vol tourne très vite au drame. A ciel ouvert dans sa fragile nacelle en osier, sans oxygène, mal protégé du froid extrême par un simple manteau de laine, le savant grimpe à sept mille six cents mètres, pulvérise le record d'altitude soviétique. Le ballon aurait-il été trop gonflé, comme on le murmure sous les tôles ondulées des hangars ? Toujours est-il que l'air glacé a mortellement lacéré ses poumons et il meurt en septembre 1925, laissant derrière lui une femme et un tout jeune enfant, sans avoir obtenu la preuve que ses idées sur le commencement de l'Univers étaient justes.

*

Heureusement, la disparition de Friedmann n'a pas entamé les convictions de Gamow et des trois autres mousquetaires, bien au contraire. Plus que jamais, ils sont convaincus que leur vénéré professeur avait raison. Que l'Univers n'existe pas depuis toujours. Et que le hasard n'est pas le maître chez nous. C'est pourquoi ils se jurent de reprendre la quête là où Friedmann l'a laissée. Et de trouver ensemble le fascinant secret de l'origine.

Mais où donc chercher ?

C'est à ce moment-là que pour la toute première fois, Gamow a un éclair de génie. L'idée
est encore très vague et elle ne prendra forme
que vingt ans plus tard. Mais elle est déjà là. Si
l'Univers a eu un commencement, se dit le jeune
homme, alors ce formidable événement, un peu
comme une gigantesque explosion, a dû laisser
une trace, une sorte d'écho, quelque part au fond
du ciel. Il n'en fallait pas davantage pour que dans
la grisaille de cette lointaine Russie soviétique, la
vision fulgurante de Gamow débouche sur le Big
Bang et la trace qu'il a laissée derrière lui, trace
que bien plus tard on appellera le « rayonnement
fossile ». Mais dans les années 1920, tout cela
n'est encore qu'une silhouette lointaine et floue
perdue dans les brumes de l'avenir.

*

Entre-temps, jour après jour, le régime se dur-
cit. A mesure que Staline resserre son emprise sur
le gigantesque appareil d'Etat de l'Union soviétique, les idées qui pourraient menacer le sacro-
saint matérialisme marxiste sont de moins en
moins tolérées par le régime et son bras armé,
la police secrète. Les quatre mousquetaires ont
de plus en plus de mal à soutenir leurs idées.

En 1926, Gamow et Ivanenko (ils n'ont alors que vingt-deux ans) publient leur premier article dans lequel ils soutiennent qu'il existe une « cinquième dimension ». « Celle-ci peut mener à ce qui s'est passé au commencement du temps », répète Gamow à qui veut l'entendre. Mal lui en prend. Pour avoir osé dire cela, il subira un long interrogatoire de la police secrète. Mais l'histoire s'est mise en marche et en 1927, coup de théâtre : le pouvoir apprend que le défenseur de la théorie de la création n'est autre qu'un chanoine de l'Eglise romaine, l'abbé Lemaître. C'en est trop. Ceux qui soutiennent cette imposture quasi religieuse doivent être matés à tout prix.

Le régime va d'abord tenter d'amadouer les mousquetaires. En 1931, à tout juste vingt-huit ans, Gamow devient le plus jeune membre élu à l'Académie des Sciences soviétiques. Cette année-là, au bureau des visas de Leningrad où il passait d'interminables journées à battre la semelle en attente de son passeport, il tombe nez à nez sur la belle physicienne Lyubov Vokhminzeva à laquelle il donne le surnom de « Rho ». Frappé d'un coup de foudre, il va l'épouser après tout juste un mois de fiançailles... Et le voilà jeune chercheur à l'Institut du radium de Leningrad. Quelque temps après, Landau se voit à son tour confier – à vingt-quatre ans – la direction de la section théorique du nouvel Institut de physique d'Ukraine. Subjugué par son intelligence, le régime lui décernera en 1934 le grade de « docteur ès science » sans qu'il ait même eu à soutenir sa thèse. Et en 1935, on lui attribuera la très convoitée chaire de physique théorique de l'université de Kharkov. Quant à Bronstein, penseur prodige, il va être nommé à vingt-cinq ans professeur à la prestigieuse université de Leningrad (celle-là même où a enseigné son maître Friedmann).

Mais ces honneurs ne sont qu'un vernis. Chaque jour, l'oppression grandit. Staline s'est juré d'éliminer les juifs, les intellectuels et les « savants subversifs ». Son entourage, en particulier Molotov, a entendu parler des idées insoutenables des quatre mousquetaires sur la soi-disant « origine » de la matière. Pire : les quatre jeunes gens ne se privent pas de caqueter à tout bout de champ que la matière n'est pas née par hasard ! Inadmissible ! Molotov décide alors de frapper fort et lance le glacial Dzerjinski et ses miliciens à leurs trousses.

*

Gamow va être le premier à se rendre compte du danger. Désormais, il n'y a plus de salut pour lui derrière le rideau de fer. L'ordre dans l'Univers ? Le voilà écrasé par l'ordre stalinien. En 1931, son visa est supprimé et tout voyage hors de l'Union lui est sèchement refusé. Au printemps 1932, après avoir essuyé un nouveau refus de visa pour se rendre à l'Ouest, il fomente avec sa femme le projet insensé de fuir l'URSS en traversant la mer Noire à bord d'un fragile kayak : 250 kilomètres de mer houleuse à franchir avant d'atteindre les côtes de la Turquie. Hélas ! A une trentaine de kilomètres des côtes soviétiques, une tempête creuse des vagues de plusieurs mètres et le couple est alors contraint de faire demi-tour. Qu'importe ! Son désir de liberté est si grand qu'à peine quelques mois plus tard, Gamow décide, cette fois, de fuir par l'océan Arctique. A l'automne 1932, le couple projette de s'embarquer à bord de son kayak et de quitter Mourmansk en direction de la Norvège. Mais cette fois, debout sur la falaise, face aux nuages noirs qui rasent les vagues hostiles de l'océan glacial, il secoue la tête. Prenant la main de sa femme, il murmure : « Nous n'y arriverons jamais. » La perspective d'un second naufrage dans une eau presque gelée lui fait froid dans le dos... Il capitule.

De retour à Leningrad, Gamow n'en peut plus. Il supporte de moins en moins le régime et ses méthodes coercitives. Et il entre dans des fureurs noires lorsque les dignitaires du régime tentent de le convaincre que dans le « Kosmos » rien n'est déterminé et que tout repose sur le hasard. Au cours d'une réunion secrète avec Landau, Ivanenko et Bronstein, il leur annonce que grâce à l'aide du commissaire du peuple Viatcheslav Molotov (qui ne cachait pas son admiration pour le scientifique) il a enfin obtenu un visa qui lui permettra d'assister au fameux Congrès Solvay, en Belgique, qui regroupe la fine fleur de la physique théorique. Il a même réussi le tour de force d'obtenir également un visa pour son épouse « Rho » en prétendant qu'elle était sa secrétaire. Et c'est au cours de cette réunion que Gamow annonce à ses trois plus chers compagnons qu'il ne retournera jamais en URSS.

A partir de là, tout va très vite. Au lieu de revenir à Leningrad après le Congrès, le couple Gamow décide de se rendre à l'Institut Curie, à Paris. Grâce à l'appui de Marie Curie (qui peut compter sur l'aide du très influent physicien Paul Langevin dont elle a été la compagne) George Gamow est invité à donner une conférence sur l'origine de l'Univers à l'université du Michigan. En 1934, le couple quitte définitivement l'Europe pour les Etats-Unis.

Mais Landau, Ivanenko et Bronstein n'ont

pas cette chance. Le 1er décembre 1934, Sergueï Khirov, chef du Parti communiste de Leningrad, est abattu d'une balle dans la nuque alors qu'il sortait d'une réunion de travail dans son bureau. Cet assassinat jamais élucidé marque un sinistre tournant dans l'histoire de l'Union soviétique. En effet, il met en mouvement une implacable machine répressive qui, au fil des années, va broyer des millions de vies sur son passage. Dans tout l'empire soviétique, les Russes horrifiés se font passer sous le manteau l'épouvantable mot d'ordre de Staline : « Un mort est une tragédie. Des millions de morts, une statistique. » Mais au diable le peuple ! Pour le maître du Kremlin et son entourage, l'occasion est trop belle. Bientôt, sous couvert de représailles, les arrestations et les exécutions sommaires se multiplient.

Un soir, Ivanenko est brutalement arrêté et jeté en prison. De quoi l'accuse-t-on ? Avant tout d'avoir été l'ami de Gamow, dépeint comme un traître à son pays, qui vient de fuir en Amérique. Mais aussi, d'avoir comploté contre le peuple, en laissant entendre que les idées de Friedmann sur le commencement du temps et l'ordre cosmique étaient justes. Il sera condamné à la déportation au fin fond de la Sibérie.

Puis, c'est le tour de Landau. En tant que

juif, il supporte de plus en plus mal la ségré-
gation rampante qui se fait sentir à tous les
étages du pays. Un beau jour, il lâche en public que les méthodes de Staline ne sont guère
plus reluisantes que celles de Hitler. Autre camouflet qu'il a du mal à accepter, ses conférences à l'université de Moscou sont parfois
censurées à l'écrit, au prétexte qu'il serait ivre
au moment où il prend la parole. Ivre ! Lui
qui ne boit que de la limonade.

Mais aux yeux du sanguinaire Nikolaï Iejov,
chef suprême de la police secrète depuis 1936,
il y a plus grave. Landau a eu le malheur de
dire et redire plusieurs fois devant des hauts
dignitaires du Parti que l'éternité de la matière n'est qu'une illusion et que l'Univers lui-
même, comme tout ce qui existe, a eu un commencement. La réaction du Kremlin ne se fait
pas attendre. Le 28 avril 1938 au petit matin, une conduite intérieure noire, moteur au
ralenti, pénètre au sein de l'Institut des problèmes physiques de Moscou. Deux hommes en
longs manteaux de cuir brun en sortent pour
se diriger vers le minuscule appartement oc-
cupé par Landau. Un peloton de soldats bot-
tés et armés jusqu'aux dents suit dans un ca-
mion. Quelques minutes plus tard, le physicien
en chemise de nuit est arrêté et conduit sous

escorte vers l'une des prisons politiques de la ville. Puis c'est le tribunal politique, où il sera jugé – en moins d'une heure – pour espionnage au profit de l'Allemagne nazie. Cette charge sera progressivement écartée. Mais pas celle de complot contre la révolution. En raison de ses « idées dangereuses », Landau est condamné à dix ans de travaux forcés. Quelques minutes plus tard, hébété, comprenant mal ce qui lui arrive, le savant est emmené, chaînes aux pieds. Désormais, englouti par l'impitoyable mâchoire des camps staliniens, il est en danger de mort.

Reste le malheureux Bronstein. Dans sa courte vie, cet esprit d'exception a été l'un des pionniers de la cosmologie moderne. Arrêté dans la chaleur d'un jour d'août 1937, il sera torturé pendant des mois avant d'avoir droit à un simulacre de procès. Comme on pouvait s'y attendre, le 18 février 1938, ses juges – en réalité des membres de la police politique – le condamnent à mort. Son crime ? Avoir nié l'éternité de la matière et répandu des idées subversives concernant le « soi-disant commencement » de l'Univers. Il ne pliera jamais. Jusqu'au bout, le visage ensanglanté, il n'a de cesse de répéter à ses tortionnaires que l'ajustement des grandes lois physiques exclut toute forme de hasard au niveau du cosmos. Il sera exécuté le jour même d'une balle dans la nuque.

*

Gamow est le seul à avoir échappé aux griffes de Staline. A des milliers de kilomètres de son pays natal, il est brisé par le chagrin. Il sait que ses amis de toujours ont été meurtris et éliminés pour avoir osé s'attaquer au mystère caché dans les brumes du commencement. A partir de maintenant, le flambeau est entre ses mains. A lui de partir vers l'origine de l'Univers, dans l'espoir d'y trouver cet ordre absolu que cherchait Turing. Pour l'heure, son maître et son compagnon de pensée ne doivent pas être morts pour rien. Désormais, il n'a plus qu'une idée en tête : les venger !

Chapitre 13

Au bout de la nuit

Nous voici de retour au cœur du terrible hiver 1938, à Moscou. Le froid est partout, s'infiltre dans la boue humide de la sinistre Loubianka, la prison de la police secrète où est enfermé Landau à double tour. C'est en vain que Gamow a tenté de joindre son ami de toujours. Comment le tirer de là ? Le rideau de fer est infranchissable, surtout pour lui, Gamow. Puis c'est l'incarcération dans ce terrible camp de travail stalinien : privé de tout, nourri à coups de pelures de pommes de terre et de cravache sur les reins, interdit de lecture et encore d'avantage d'écriture, Landau n'a plus que sa malheureuse tête pour trouver refuge. Il maigrit à vue d'œil et sa chevelure se met à grisonner. Il finit par tomber gravement malade. A coup sûr, ses jours sont comptés. C'est alors qu'intervient un physicien de haut vol – il aura bien plus tard le prix Nobel –, Piotr Kapitsa. Landau lui doit la vie.

*

Kapitsa ! Retenez bien ce nom. Sans l'avoir voulu, il jouera un rôle capital à trois quarts de siècle de distance, dans l'aventure du satellite Planck face à la première lumière de l'Univers. Nous y reviendrons. Pour l'heure, comme beaucoup de savants russes de cette époque, Kapitsa a un début de carrière pour le moins chahuté. Portant veste en tweed et fumant une pipe à longue tige, c'est de loin le plus *British* des jeunes physiciens russes. Etabli en Angleterre dès 1923, élu membre de la Royal Society de Londres en pleine crise de 1929, l'élégant Kapitsa réussit le tour de force de prendre la tête d'un laboratoire dans la légendaire université de Cambridge. Il en devient le premier directeur. C'est l'un des centres les mieux équipés pour « fabriquer » des froids extrêmes. Des températures inimaginables, en pratique aussi basses que le froid glacial qui règne dans les gouffres entre les étoiles. Du coup, volant d'exploit en exploit, Kapitsa est le premier à avoir réussi ce coup de maître au printemps 1934 : trouver un nouveau procédé pour rendre liquide et fabriquer facilement, en grande quantité, ce gaz ultraléger qu'est l'hélium. Mais pour

liquéfier l'hélium, il faut le refroidir incroyablement. Jusqu'à atteindre d'impressionants records de froid. Kapitsa va donc rapidement devenir l'un des meilleurs experts mondiaux des
très basses températures. Sans ses découvertes,
jamais le satellite Planck, glissant à un million
et demi de kilomètres de la Terre, n'aurait pu
photographier la première lumière de l'Univers. Nous verrons plus loin pourquoi. Toujours est-il qu'en cette année 1934, Kapitsa est
invité à donner une conférence en Union soviétique. Mais il ne voit pas venir le piège. Dès
son arrivée, on lui confisque *manu militari* son
passeport. Sous le choc, il réalise alors qu'il
est désormais sur la liste des savants et intellectuels prisonniers derrière le rideau de fer.
Il ne pourra plus jamais retourner en Angleterre ni revoir sa maison de Cambridge qu'il
aimait tant. Pas plus que ses amis et collabo-
rateurs pour lesquels il n'était parti que « pour
quelques jours ».

Mais les tracas de Kapitsa ne se limitent pas
à la perte de sa maison. Tout comme Gamow
un an avant lui, ce qui pèse sur lui de manière
infernale, c'est ce matérialisme omniprésent
dont les chefs du pays ont fait leur bible, Staline en tête. Le « petit père du peuple » n'a ni
Dieu ni maître, si ce n'est le hasard. Et encore,

pas n'importe lequel. Aussitôt franchi le cap de sa jeunesse (une époque où il récitait encore des poèmes et donnait de la voix dans des chansons d'amour) Staline s'est fait le chantre de ce qu'il appelle avec jubilation « le hasard diabolique ». Une manière bien à lui d'appliquer la sélection naturelle en politique. Une fois hissé à la tête de l'immense Russie, rien ne lui paraît plus délectable que de frapper « au hasard ». De préférence parmi ses amis qui, du jour au lendemain, peuvent être arrêtés, torturés ou fusillés sans la moindre raison. Simplement parce qu'ils sont sur le passage sanglant du hasard. C'est au nom de ce hasard diabolique que des dizaines de millions de malheureux Russes sont morts, sans savoir pourquoi. Tout cela fait horreur à Kapitsa. Pour lui, la vie et l'Univers entier ont un sens.

Pour autant, il faut composer avec les soviets. Courber l'échine sous peine de la voir brisée à coups de matraque. Bon prince, le régime lui offre un lot de consolation. Le voilà propulsé en 1935 à la tête de l'Institut de physique de l'Académie des Sciences. Puis il fonde et devient le premier dirigeant de l'Institut des problèmes physiques. De quoi faire pâlir de jalousie nombre de ses collègues. Mais Kapitsa se contrefiche des honneurs. Pour lui, une seule chose compte, descendre toujours plus bas dans le domaine des froids extrêmes. Pour cela, il lui faut l'aide d'un physicien de tout premier plan. Et c'est là que Landau entre en scène. Kapitsa lui propose de quitter la ville de Kharkov perdue dans la campagne ukrainienne pour le rejoindre à Moscou. C'est chose faite en 1937, date à laquelle Landau prend la direction de la section théorique de l'Institut des problèmes physiques. Pour Landau, qui rongeait son frein dans les collines de l'Ukraine, la nomination tombe à pic. A son tour, il va plonger dans les froids extrêmes. Mais pas pour longtemps. On l'a vu, son arrestation survient brutalement l'année suivante.

Kapitsa est abasourdi. A coup sûr, si rien n'est fait, ce génie qu'est Landau ne ressortira pas vivant des geôles de Staline. Désespéré, il multiplie les démarches mais se heurte à des refus implacables. Un soir, abattu, il envisage le tout dernier recours : demander la grâce de Landau à Staline lui-même. Avec l'aide du grand Niels Bohr, il écrit au maître du Kremlin. La réponse tarde à venir. De guerre lasse, il se tourne alors vers le redouté Molotov, le bras droit de Staline et menace de démissionner si Landau n'est pas immédiatement libéré. Et c'est le miracle. Avec un sourire rond de bon père de famille, le fidèle serviteur de Staline promet de faire libérer le savant, mais à condition que celui-ci renonce à propager à droite et à gauche des idées contraires au marxisme. Le 29 avril 1939, Landau franchit d'un pas chancelant le porche de la forteresse, enfin libre. Très affaibli, brisé moralement, il promet de s'en tenir désormais à un matérialisme pur.

*

Aussitôt retrouvé son laboratoire de l'Institut des problèmes physiques, Landau retrousse ses manches encore tachées de sang et se remet au travail. Plus décidé que jamais, il se donne pour objectif de s'enfoncer de plus en plus loin dans les immenses froids accessibles à la physique. Avec à l'horizon le mythique zéro absolu, dont il espère s'approcher comme personne avant lui.

Qu'est-ce que le zéro absolu ?

C'est la température la plus basse qui puisse exister : moins 273,15 degrés ! Impossible de l'atteindre et encore moins de descendre au-dessous. Pourquoi ? Parce que le zéro absolu correspond à un stade où les particules (d'ordinaire toujours en mouvement) sont totalement immobiles. Comme gelées au cœur de ce froid extrême. Chose particulièrement intéressante, au zéro absolu, ce qu'on appelle l'« entropie » (et qui caractérise le degré de désordre de la matière) est totalement nulle. Inversement, l'information règne en maître dans cet au-delà de la matière. Or, une surprise nous attend au chapitre qui suit : c'est là, au cœur du zéro absolu, que se trouve la formidable clef que cherche Landau pour percer le secret le mieux gardé du hasard. Nous verrons ce qu'est cette clef. En attendant, pour s'approcher de cette frontière ultime (que personne n'a jamais pu toucher du doigt) le savant russe a réussi un exploit : « capturer » un gaz rarissime sur Terre, une variante de l'hélium, appelée « hélium-3 ». A l'état liquide, celui-ci se met à bouillir à la température inconcevablement basse de − 270 degrés ! A peine 3 degrés au-dessus du zéro absolu. Ce seuil d'ébullition est le plus bas de tout l'Univers. A partir de là, on réalise facilement qu'à l'état liquide, une goutte de ce gaz est encore bien plus froide, descendant jusqu'à quelques fractions de degrés au-dessus du zéro absolu. Ce sont ces régions incroyablement proches du seuil ultime que Landau a donc choisi d'explorer dès la fin des années 1930. Mais pourquoi ? Qu'avait-il donc en tête ?

L'une des clefs se trouve quinze ans en arrière. A cette époque, il passait des heures à discuter avec Gamow, de tout et de rien. Des filles qu'ils avaient rencontrées. Des escapades en ballon de Friedmann. Mais aussi de cet ajustement vertigineux de tous les paramètres cosmologiques qui devait exister à l'origine de l'Univers. Un soir après les cours, alors que Gamow finissait consciencieusement son troisième verre de vodka au café du coin, la bouteille lui avait échappé des mains et s'était brisée en mille morceaux sur le carrelage. Fasciné par les éclats éparpillés aux quatre coins de la salle, le jeune homme avait alors chuchoté à l'oreille de Landau : « C'est exactement comme pour l'Univers ! A l'origine, il devait être aussi ordonné que cette bouteille ! Et l'explosion qui lui a donné naissance a bien dû laisser une trace au fond du ciel ! » Depuis, cette idée encore balbutiante n'avait cessé de tourner et retourner dans la tête de Gamow. Tout comme dans celle de Landau. Mais pas de la même manière. Gamow se jure de saisir le mystère de la création dans la chaleur extrême du Big Bang (nous allons voir de quelle manière éclatante au chapitre suivant). Au contraire, Landau va prendre la direction opposée. Tourner le dos aux hautes températures pour se diriger vers les très grands froids. Et il fait le serment de découvrir, au cœur de ces étranges mondes gelés, certains des secrets les plus profonds touchant à la création de notre Univers. En somme, alors que Gamow va s'élancer par la face sud, c'est par la face nord que Landau s'est mis en tête d'atteindre secrètement le même sommet : le Big Bang.

*

Nous voici donc en avril 1939. A sa sortie de l'enfer, encore hagard, Landau s'écroule dans les bras de Kapitsa, son sauveur. Ce dernier lui met alors le marché en main : sa liberté contre le renoncement à toutes ses idées « contre-révolutionnaires ». Du moins en apparence. Aussi Landau fait-il profil bas. Il n'accuse personne des tourments qu'il a subis. Mais surtout, il ne fait plus aucune de ces sorties tonitruantes dont il avait le secret concernant un possible « commencement ordonné » de la matière. Désormais, Kapitsa va jouer le rôle de bouclier. C'est lui qui va prendre les coups. Et ils ne manquent pas. En 1945, le chef de la police politique, le ministre Béria, menace de le faire jeter au cachot s'il n'accepte pas de se mettre corps et âme au service de la fabrication de la bombe atomique. Il ne fait pas bon résister à Béria. Celui-ci est affublé par Staline – qui admire sa cruauté sans limite – du sobriquet grinçant de

« Himmler russe ». En écho, Béria s'amuse à répéter : « Trouvez-moi l'homme et je vous trouverai ses crimes. » C'est tout dire. Mais le redoutable policier est mal tombé avec Kapitsa. Non seulement celui-ci balaie d'un revers de main les propositions comme les menaces mais en plus, ivre de rage, il va mettre à feu et à sang le Kremlin. Ce qu'il déteste sans doute le plus chez Béria, c'est sa tendance à faire l'apologie du chaos. De sa lecture laborieuse de Marx – Béria est tout sauf un intellectuel –, il n'a retenu qu'une seule chose : le hasard est le maître du monde. En retour, Kapitsa ne se prive pas de tonner à droite et à gauche que le chef de la police secrète est un monstre d'arrogance dénué de cervelle. L'affaire fait du bruit et finit par remonter jusqu'à Staline. Contre toute attente, le dictateur rouge va se ranger du côté de Kapitsa. Béria bat alors en retraite. Débarrassés de cet ennemi de la science (qui finira exécuté d'une balle dans la tête en 1953), Kapitsa et Landau vont pouvoir poursuivre tranquillement leur plongée vers les grandes profondeurs du froid. Et vers l'ordre caché au fond de la nature.

Sans faire de bruit, Landau va peu à peu reconstruire son laboratoire à l'Institut des problèmes physiques. Avec l'aide de Kapitsa, il va acheter à prix d'or de nouveaux instruments à l'étranger et entamer de toutes nouvelles expériences. Pour donner le change au régime – qui persiste à faire peser sur lui les pires soupçons – il se met sagement à travailler sur un sujet apparemment sans histoires, les états de la matière froide. De fait, hormis Kapitsa, personne à Moscou – ni le chef de la police secrète, ni Molotov – ne se doute que l'ancien mousquetaire s'apprête à rejoindre Gamow sur le chemin du Big Bang. Un chemin qui tourne le dos au hasard. Dès 1940, il pulvérise les records de froid en liquéfiant l'hélium. Or un beau jour, tout bascule. Alors qu'il atteint la température folle de 271 degrés au-dessous de zéro – tout juste deux degrés au-dessus du zéro absolu – il constate quelque chose de stupéfiant, un phénomène qui va bouleverser la physique jusqu'à aujourd'hui et qui va lui rapporter le prix Nobel en 1962.

De quoi donc s'agit-il ?

Avant de répondre, voyons où en est Gamow. Comme nous allons l'apprendre dans le chapitre qui suit, il s'apprête lui aussi à faire quelque chose d'unique au monde. Quelque chose qui va marquer l'humanité à jamais. Et montrer que si l'Univers a eu un commencement, ce n'est pas par hasard.

Chapitre 14

L'anti-Big Bang

C'est l'été 1940. Les sombres nuages de la guerre ont plongé l'Europe dans une nuit de feu et de métal. Mais Gamow, lui, vit dans un monde tout autre. Il vient d'obtenir – après sept ans d'attente – la nationalité américaine. Enfin ! Il peut souffler. La page soviétique est définitivement tournée et le voilà désormais professeur en titre à l'université George-Washington, en Virginie. En dehors de quelques heures de cours par semaine, il passe désormais le plus clair de son temps à faire de la physique nucléaire – qu'il adore. Mais ce n'est pas tout. Il a une passion secrète, qui prend de plus en plus de place dans sa vie. Cette passion, c'est la cosmologie. Elle lui vient de ses jeunes années à Leningrad, lorsque Friedmann lui dévoilait, à lui et à ses trois amis, les mystères du commencement du cosmos à coups d'équations. Comment oublier tout cela ? Comment ne pas penser à son maître, disparu si brutalement ? Et au malheureux Bronstein, fauché par l'infâme Staline en pleine jeunesse ? Le plus irritant, c'est que depuis plusieurs mois, il tente en vain d'entrer en contact avec Landau. Il lui a écrit au moins une vingtaine de lettres sans obtenir la moindre réponse. Lui sont-elles même parvenues ? Impossible d'en être sûr. Tout ce qu'il sait, c'est que celui qu'il aimait comme un frère a été libéré de sa geôle et qu'il travaille à nouveau à l'Institut des problèmes physiques de Moscou (surnommé d'un raccourci sarcastique : « Institut des problèmes de Moscou »).

Depuis quelque temps, leurs anciennes discussions sur les premiers instants de l'Univers lui reviennent. Il aurait aimé évoquer avec lui cette idée, après tout pas plus bête qu'une autre, selon laquelle le cosmos tout entier, à ses débuts, devait ressembler à une immense fournaise, brûlant à des milliards de degrés. Autrement dit, que les éléments les plus légers – à commencer par l'hydrogène – n'avaient pu se former qu'à l'intérieur de ce formidable four cosmique des premiers instants. Le tout en quelques minutes à peine, dans un ballet de particules élémentaires où chaque pas est minutieusement réglé. Où rien n'est laissé au hasard. Une idée grandiose, dont Gamow perçoit toute la portée. Mais pour aller plus loin, il y a des montagnes de calculs à faire, plus durs les uns que les autres. Et à ce jeu-là, personne n'arrive à la cheville de Landau. Surtout pas lui, qui déteste les équations. Pourtant, Gamow est de plus en plus certain d'avoir raison. Mais comment tester son intuition ? C'est en tournant autour de cette question que le jeune savant finit par avoir une idée folle. Une idée que trois ans plus tard, le destin lui permettra de réaliser.

*

Et si ce qui s'est passé à l'origine de l'Univers ressemblait, d'une manière ou d'une autre, à ce qui se produit au cœur des étoiles ? L'origine lointaine de cette idée remonte – une fois de plus – aux interminables discussions entre Gamow et Landau, en 1932. Au début des années 1940, grâce aux travaux de collègues de Gamow, en particulier de Hans Bethe et d'Edward Teller (que Gamow avait fait nommer professeur à l'université George-Washington avec un salaire mirobolant et qui allait devenir le père de la bombe à hydrogène), on commençait à comprendre que l'énergie des étoiles

– à commencer par le soleil – devait nécessairement provenir des réactions nucléaires se déroulant en leur centre. Mais comment tester un tel scénario ? C'est à ce stade que Gamow se pose une deuxième question, bien plus dérangeante : est-ce que les événements qui se déroulent au cœur des étoiles (grâce auxquels le soleil brille) ne pourraient pas être « simulés » par les réactions nucléaires d'une bombe atomique lorsqu'elle explose ? Autrement dit, ce qui se passe au cœur d'une bombe atomique ne pourrait-il pas donner une idée, même floue, de la gigantesque explosion (à l'époque on ne disait pas encore le Big Bang) à l'origine de notre Univers ?

Telle est la question pour le moins sidérante que s'est posée Gamow au début de la Seconde Guerre mondiale. C'est en y réfléchissant que se précisent pour lui les grandes étapes de ce qu'on appelle aujourd'hui le Big Bang chaud. Mais il ne peut pas se contenter d'en rester aux grandes lignes. Il lui faut entrer plus avant dans les détails. A partir de 1943, le gouvernement américain lance le fameux projet Manhattan consistant à mettre au point la première bombe atomique de l'histoire. Des centaines de savants de tous horizons, issus de la fine fleur de la science, sont embauchés. Parmi eux, nombre de ses collègues. Alors pourquoi pas lui ? Il va faire des pieds et des mains pour en être. Mais sans succès. Malgré son solide ancrage en Amérique, en dépit du fait qu'il a été condamné à mort par les Soviets pour avoir « trahi » son pays, la sécurité militaire n'a pas vraiment confiance. Pour plusieurs hauts gradés et certains chefs du FBI, Gamow – qui a été colonel dans l'Armée rouge à vingt ans – pourrait bien être un espion sournois, à la solde des bolcheviques. D'autant plus que certains agents soviétiques (parmi lesquels le rusé Vassili Zarubin, téléguidé d'une main de fer par Béria) sont repérés dans son entourage. Dès lors, on juge dangereux de lui faire confiance. En guise de consolation, Gamow – qui est l'un des meilleurs experts en radioactivité – sera affecté à un poste bien moins sensible au sein de la Marine américaine, dans le département des explosifs à forte puissance. Pas vraiment de quoi pavoiser. Mais tout n'est pas perdu. Un beau jour, n'en croyant pas ses yeux, il trouve sur la liste des consultants de l'US Navy le nom mythique d'Albert Einstein. Le père de la relativité est inscrit dans le même département que lui ! S'il ne l'a pas croisé, c'est que le légendaire physicien à moustache, en raison de son statut hors norme, est dispensé de se déplacer à Washington. L'occasion est trop belle ! En deux temps trois mouvements, Gamow grimpe à l'état-major et se fait aussitôt nommer correspondant auprès d'Einstein. Désormais, Gamow sera régulièrement fourré à Princeton dans la résidence du maître pour lui remettre en mains propres d'obscurs rapports qui, la plupart du temps, finissent sur un coin de table. Ou au panier. Mais cette « mission » donne à Gamow la chance unique d'avoir de longs tête-à-tête avec celui qui est considéré comme le numéro un mondial de la physique. Un soir, n'y tenant plus, il lui soumet ses idées sur l'origine de l'Univers et lui donne l'un de ses articles à lire. Dans la foulée, il insiste sur cette idée à laquelle il croit désormais dur comme fer : rien – absolument rien – de ce qui s'est passé à l'origine n'est dû au hasard ! Quelques jours plus tard, il reçoit une lettre d'Einstein avec ces quelques lignes : « L'idée que l'expansion de l'Univers ait démarré à partir d'un gaz de neutrons semble être tout à fait naturelle[1]. » A partir de là, pourquoi le lien entre le Big Bang et une explosion nucléaire (où chaque séquence se déroule

---

1. Helge Kragh, in *Cosmology and Controversy*, Princeton University Press, 1996.

selon un scénario ultra-précis) ne serait-il pas, lui aussi, « naturel » ?

Sans être directement impliqué dans le projet Manhattan, Gamow est malgré tout plus ou moins informé de ce qui se passe dans ce bunker qu'est devenu Los Alamos. Il arrive que certains de ses collègues lui demandent des renseignements sur telle ou telle question épineuse. Gamow s'empresse alors de répondre, tout en leur soutirant à son tour de précieuses confidences. Chemin faisant, il est de plus en plus sûr de son coup.

Il n'en faut pas davantage pour que l'on retrouve Gamow à toutes les conférences ou comptes rendus auxquels il peut assister. Jouant des coudes, il parvient tant bien que mal à s'infiltrer dans les équipes du projet Manhattan, jusqu'à ce jour somme toute bien sombre du 16 juillet 1945 à cinq heures trente. Ce matin-là, pour la première fois, un éclair blanc insoutenable illumine le ciel en plein jour, suivi d'un grondement de fin du monde et d'un souffle brûlant, réduisant tout en poussière informe à des dizaines de kilomètres à la ronde. Les savants réunis à trente kilomètres de là n'en croient pas leurs yeux aveuglés lorsque, de longues minutes plus tard, l'épouvantable champignon atomique se déploie lentement, interminablement, vers les hauteurs béantes, engloutissant le ciel dans sa monstrueuse noirceur. Tassé au fond de son bunker, livide d'horreur, Robert Oppenheimer, le père de la bombe, balbutie en secouant la tête les paroles du *Livre des morts* tibétain.

*

Il faudra plusieurs jours à Gamow pour se remettre de ces images. Il ne se doute pas que cette bombe atroce sera lancée quelques semaines plus tard sur le Japon. Pour l'heure, il téléphone frénétiquement aux uns et aux autres. A son protégé Edward Teller, à Enrico Fermi, qui avait assisté à l'explosion et, bien sûr, à Oppenheimer. Et au fil des confidences, Gamow en est de plus en plus certain : c'est une sorte de « Big Bang à l'envers » qui se déroule au moment de l'explosion atomique. Tout s'enchaîne ensuite logiquement. Si une bombe atomique peut, en un millionième de seconde, engendrer des éléments que l'on peut encore détecter longtemps après, pourquoi est-ce qu'une énorme explosion au commencement du temps ne pourrait pas produire en quelques minutes les éléments que nous observons aujourd'hui ? Et pourquoi est-ce que cet événement primordial ne laisserait pas une trace dans le ciel, une radiation comparable à la radioactivité après une explosion atomique ? Si l'univers est bel et bien né à partir d'un seul point, alors les réactions nucléaires déclenchées dans un ordre rigoureux durant le Big Bang devraient fabriquer – au cours d'un enchaînement ultra-rapide qui ne laisse rien au hasard – les « briques » des éléments légers que sont l'hydrogène et l'hélium. Et la conviction de Gamow est faite, cette explosion titanesque a nécessairement laissé une sorte d'écho dans le ciel. Un rayonnement qui, lorsqu'il sera trouvé, apportera la preuve que l'Univers est bel et bien né d'une explosion initiale marquant le début de son expansion, des milliards d'années dans le passé. Peu à peu, la lueur de la première lumière de l'Univers se lève à l'horizon du savoir.

*

Faisons halte un instant. Ces événements tout à tour dramatiques et stupéfiants se déroulent en 1945. A grands coups de calculs et d'intuitions fulgurantes, Gamow ouvre progressivement les portes de l'origine. Mais il n'est pas seul sur ce chemin. Et heureusement, car dans notre quête du commencement et d'un ordre cosmologique, il nous manque une pièce essentielle. Une pièce que détient Landau. En le retrouvant derrière le rideau de fer, nous allons une fois de plus devoir nous préparer à un choc.

Chapitre 15

L'ordre au zéro absolu

A Moscou, en ce début des années 1940, la guerre rôde. Mais elle semble encore bien loin du laboratoire de Landau. Amaigri, le teint blafard, le grand savant n'a pas retrouvé sa forme d'antan. Il ne la retrouvera jamais. Mais la flamme de son génie brille plus que jamais dans son regard sombre. Seule ombre au tableau, plusieurs fois il a écrit à Gamow en Amérique. Mais il n'a jamais reçu de réponse...

Pour l'heure, aiguillonné par Kapitsa, il repousse toujours plus loin les frontières du froid. Pour y trouver autre chose que la danse désordonnée, apparemment imprévisible, des éléments. Là-bas règne, comme au fond des océans, un ordre profond. Lui aussi absolu. Sans vraiment le vouloir, Landau est devenu l'un des as mondiaux de cet étrange état de la matière froide qu'on appelle la superfluidité. Or, tout comme Gamow dans la chaleur

extrême, il va finir par trouver au cœur du
froid un secret stupéfiant qui touche à l'Univers entier. Jusqu'à son commencement.

*

Pour bien comprendre la direction hors du
commun que Landau nous invite à prendre,
retrouvons-le à l'université de Moscou, dans
un grand amphithéâtre. Son cours vient de se
terminer et quelques étudiants parmi les plus
doués viennent le voir pendant qu'il range ses
affaires dans sa sacoche. Soudain l'un d'eux
lui demande de dire ce qui, en ce début des
années 1940, est important dans les sciences
de la matière. Vaguement méfiant (il sait qu'il
n'est pas à l'abri d'un piège tendu par la police secrète), Landau se gratte quelques instants
la nuque puis répond quelque chose d'étonnant que les jeunes gens mettront du temps à
comprendre. Selon leur maître, il existe trois
problèmes majeurs, qui commandent tous les
autres. Le premier, c'est celui des *transitions
de phase*. Le second, c'est la *superfluidité*. Enfin le troisième, c'est celui de la *singularité
cosmologique*.

Qu'est-ce qu'une *transition de phase* ? C'est
un changement à la fois brusque et radical

d'état de la matière. Landau a découvert cette stupéfiante mutation lorsqu'il a refroidi de l'hélium à 269 degrés au-dessous de zéro. A cette très basse température, le gaz est devenu liquide et a semblé se mettre à bouillir. Mais le phénomène devient proprement stupéfiant lorsqu'on descend plus bas encore. En effet, à – 271 degrés, le liquide change à nouveau d'état et cesse d'être en ébullition. Alors apparaissent çà et là des endroits plus ou moins « épais ». Le liquide cesse d'être parfaitement uniforme.

Que s'est-il passé ?

Quelque chose de très profond, qui nous fait toucher à un phénomène qui, en un certain sens, reproduit exactement ce qui se passe juste après le Big Bang. Qu'est-ce que Gamow découvre dans ses calculs ? Que plus la matière primordiale est chaude, plus elle gagne en « symétrie ». Pour prendre une image, disons qu'elle devient de plus en plus uniforme, de plus en plus « lisse », un peu comme une soupe qui, une fois chauffée, cesse d'avoir des grumeaux. D'après le modèle progressivement élaboré par celui qui, désormais se fait appeler « Géo » par tout le monde, quelques instants après le Big Bang, la matière ultrachaude du début (des milliards de degrés) refroidit rapidement. Or plus elle refroidit, plus elle perd cette uniformité – cette symétrie – des débuts. De fait, la vision de Gamow est prophétique et on décrit aujourd'hui les premières fractions de secondes après le Big Bang comme une succession fulgurante de brisures de symétrie. Et c'est justement ce qu'à des milliers de kilomètres de Gamow, son ancien camarade Landau observe dans son laboratoire. En refroidissant, l'hélium perd progressivement sa symétrie du début, lorsqu'il était plus chaud.

Mais ce n'est pas tout.

Il y a plus stupéfiant encore. Souvenons-nous : Landau a parlé d'un deuxième problème universel (c'est bien le mot) à propos de la matière, la *superfluidité*. Ce terme évocateur a été inventé par Kapitsa, un soir de tempête où il discutait avec Landau au fond du laboratoire. Superfluide, c'est justement ce que devient l'hélium une fois refroidi à 271 degrés au-dessous de zéro. Ici, soyons attentifs car dans ce nouvel état superfluide, la matière cesse radicalement de se comporter « normalement » et présente des propriétés à couper le souffle (c'est pour les avoir découvertes que Landau a obtenu le prix Nobel en 1962). Justement, voyons de plus près ce qu'il a découvert. Une fois superfluide, le liquide devient franchement bizarre. Par exemple, si on met une cuiller d'hélium superfluide dans un verre, au lieu de rester sagement au fond, le liquide se met à remonter le long du verre et, une fois dehors, s'étale sur la table où est posé le verre. Plus étonnant encore, si on place le liquide superfluide dans un récipient fermé et qu'on fait tourner ce récipient sur un plateau, le liquide à l'intérieur reste totalement *fixe* ! Désormais, il n'est plus sensible aux mouvements du plateau et son comportement est gouverné par les étoiles et les galaxies les plus lointaines de l'Univers. En somme, c'est l'horizon cosmologique qui est devenu son référentiel !

Encore une fois, que s'est-il passé ici ? Pour le découvrir, voyons ce qui se passe à l'intérieur du liquide superfluide. Ce qu'a constaté Landau, à son immense surprise, c'est que les électrons composant les atomes d'hélium se « rangent » sagement deux par deux ! En somme, les particules cessent d'aller et venir de manière désordonnée, comme une foule dans une pièce, mais se mettent « en rang », comme des soldats le jour d'un défilé. Comment comprendre ce phénomène surprenant ? Tout simplement comme un gain d'information. En refroidissant, la matière a changé d'état et est devenue plus « informée » ! Pourquoi ? Landau n'en sait rien. Lorsqu'on lui pose la question, il hausse les épaules et avoue qu'il n'a pas la réponse. Il constate simplement que lorsque l'énergie baisse, l'information augmente. Et il ajoute en souriant que pour le moment, la clef de cette transformation n'existe dans aucun livre, ni à Moscou, ni dans toute l'Union soviétique ni sur Terre...

Pourtant, il existe peut-être un début de solution dans le troisième problème de la physique pointé par Landau : la *singularité cosmologique*. Là, nous basculons d'un seul coup dans ce qu'il y a de plus mystérieux – et de loin – en cosmologie. De quoi s'agit-il ? De ce que les mathématiciens d'abord et, à leur suite, les physiciens théoriciens, appellent la singularité initiale de l'espace-temps. Ici une petite mise au point : pour les mathématiciens, une singularité n'est autre qu'un point « pas comme les autres ». Par exemple, prenons une feuille de papier et perçons-y un petit trou avec une aiguille. Ce trou représente une singularité sur la feuille. De la même manière, Friedmann a montré – on s'en souvient – que la solution des équations d'Einstein nous amène à conclure qu'à l'origine de l'Univers, celui-ci est réduit à un point. Un point « singulier » qui n'est autre que la singularité initiale. Représentons-nous bien ce point. Il n'existe pas dans l'espace-temps mais « au-dehors ». En d'autres termes, la singularité initiale (si, comme nous le pensons, elle existe) se trouve *avant* le Big Bang !

Mais revenons à Landau. N'oublions pas qu'il a été un calculateur prodige dès son enfance. Il pense les problèmes en mathématicien. C'est donc en mathématicien qu'il réfléchit à la question de la singularité cosmologique. Et tout naturellement, il revient de son exploration avec une découverte qui prend la forme d'un théorème. L'exploit n'est pas mince, car Landau propose son théorème de singularité cosmologique plus de trente ans avant les grands théorèmes de singularité proposés par Stephen Hawking et sir Roger Penrose. Que nous dit-il ? Simplement ceci : en partant des équations de son maître (les fameuses équations de Friedmann) on découvre qu'à l'instant zéro, il existe inéluctablement une singularité ! Plus exactement, nous tombons sur la singularité initiale de l'espace-temps, le « point » qui a donné naissance à l'Univers. Mais Landau n'en reste pas là. En fouillant les équations d'Einstein, Landau prouve que plus on s'approche de l'instant zéro, plus le contenu en matière de l'Univers devient petit par rapport à son contenu géométrique. Et à l'instant zéro, la matière a totalement disparu ! A la place, il n'y a plus que la géométrie, autrement dit, car ce mot n'existait pas encore à l'époque, de *l'information*.

*

Faisons ici un point et reprenons notre souffle. Ce que nous avons découvert plus haut avec Landau est loin d'être conventionnel. Il s'agit d'une vraie révolution de pensée, dont l'onde de choc se fait sentir encore aujourd'hui. Car, tout comme Gamow de l'autre côté de l'Atlantique, c'est bien à une nouvelle lecture de l'Univers et de son mystérieux commencement que nous invite Landau. En effet, le prodigieux physicien nous montre qu'au voisinage de l'origine, l'Univers, alors réduit à un gaz surchauffé de particules élémentaires, était extrêmement « simple ». La matière ne s'était pas encore organisée en grandes structures. Puis, un peu comme l'hélium lorsqu'il refroidit, il a connu des transitions de phase et a perdu cette simplicité originelle. C'est justement ce que nous dit la cosmologie moderne : l'Univers au moment du Big Bang était sans doute dans un état qu'on appelle « supersymétrique » et son évolution, au cours des tout premiers instants, doit être comprise comme une succession ultrarapide et ordonnée de brisures de symétrie. Mais si l'on suit bien ce qu'a découvert Landau, il existe un deuxième phénomène.

Nous sommes à la fin des années 40. Gamow n'a pas encore publié ses idées sur la naissance explosive de la matière mais Landau suit de loin, autant qu'il le peut, les recherches de son ancien compagnon d'armes. Et ce jour-là, après une longue discussion avec Kapitsa, il réfléchit, face au tableau noir. Au moment du Big Bang, en raison de l'hallucinante courbure qui régnait alors, l'entropie (c'est-à-dire le désordre) du minuscule Univers naissant devait être extrêmement basse. Basse mais pas nulle. Où donc pouvait-elle être *totalement* nulle ? Sa plongée dans les très basses températures a montré à Landau que l'entropie de la matière ne devient nulle qu'au zéro absolu. Et soudain, en un éclair, le physicien prodige comprend. Tout comme la singularité initiale, le zéro absolu restera à jamais inaccessible aux humains. Pourquoi ? Parce que la singularité initiale comme le zéro absolu sont *hors de l'espace-temps*. Ce jour-là, Landau est seul dans son laboratoire. Mais comme au temps lointain des mousquetaires, il se donne une grande tape sur le front : de même que l'entropie de la matière est idéalement nulle au zéro absolu, l'entropie de l'Univers entier ne peut être nulle qu'*avant* le Big Bang ! Au cours de cette ère que ce sacré Gamow appelle « l'ère de saint Augustin » et à l'origine de laquelle se trouve, tout au fond, la singularité initiale de l'espace-temps. Là où la matière n'existe pas encore. Cette fois, Landau en est certain : Gamow ne se trompe pas. Ne s'est jamais trompé. La matière jaillit dans le feu du Big Bang. A partir d'une source d'entropie nulle – c'est-à-dire de pure information –, image miroir de l'ordre pur qui règne au zéro absolu. Puis, en refroidissant, tout comme l'hélium s'ordonne, l'Univers gagne lentement en complexité. L'instant d'après, Landau disparaît dans la tempête de neige qui souffle sur Moscou. Il ne s'est jamais senti aussi heureux. Si ce n'est que Gamow lui manque... Et de Landau, nous voyons émerger une toute nouvelle image du commencement de l'Univers. Une image qui nous montre qu'à l'origine – autour de la singularité initiale – l'Univers ne contient pas encore de matière mais est une pure information. En somme, comme nous avons pu l'expliquer ailleurs, l'Univers avant le Big Bang existe – pourrait exister – sous une forme purement numérique. Un peu comme le code génétique précède la naissance d'un être vivant, une

sorte de « code cosmologique » pourrait précé-
der la naissance matérielle de l'Univers au moment du Big Bang. Et ensuite ? Le gain d'ordre
observé par Landau dans la matière superfluide
doit se comprendre comme un enrichissement
constant de l'Univers à mesure qu'il évolue. Un
enrichissement que les cosmologistes appellent
la *complexité* (par exemple, la Terre est plus
« complexe » que la soupe de particules élémentaires dont elle est issue).

On peut alors risquer l'image assez parlante
selon laquelle il existera peut-être à l'horizon
du temps, dans un avenir extrêmement lointain
qui se compte en milliards de milliards d'années,
un état « superfluide » de l'Univers, où toute
l'information initiale du commencement se sera
convertie, au cours de la phase matérielle ordinaire, en une information finale. Un ordre fina-
lisé au zéro absolu – c'est-à-dire hors de l'espace-
temps –, sorte d'image miroir de l'ordre initial
qui régnait avant la naissance de la matière.
Avant le Big Bang. Dans cet autre « en dehors
de l'espace-temps » qu'est la singularité initiale,
là où le hasard n'est encore qu'une suite numérique au sein de l'information originelle.

*

Mais ici se pose une nouvelle question. Cet ordre pur – cet antihasard – qu'a découvert Landau dans la matière superfluide (et qui correspond, justement, à ce qui se passera pour notre Univers dans un avenir immensément lointain), cet ordre donc, n'est-il pas l'image en miroir de ce qui a pu se passer au tout début ? Lorsque, là également, régnait la symétrie pure dont a jailli la matière ?

Pour en savoir plus, reprenons à présent notre marche vers le Big Bang.

Chapitre 16

Vers la première lumière

Peu de temps après la Seconde Guerre mondiale, Gamow se met à réfléchir sérieusement au scénario cosmologique qui pourrait expliquer l'existence du cosmos.

Et en même temps, l'ordre si intrigant sur lequel il repose depuis le Big Bang.

La Russie est loin. Mais les visages de Bronstein, déchiqueté par les balles des milices de Staline, ou de Landau torturé dans les camps, revenaient sans cesse le hanter. Ses deux camarades les plus proches n'avaient-ils pas sacrifié leurs vies à leurs idées ? N'avaient-ils pas défendu à tout prix l'immense mystère de la création du monde et l'ordre profond qui le sous-tend ? Cela faisait déjà plusieurs mois que le souvenir des idées de Friedmann sur l'origine de l'Univers revenait régulièrement à son esprit. Dans une lettre de félicitations qu'il adressera en octobre 1945 à son collègue Niels Bohr pour son soixantième anniversaire, il déclare porter « un nouveau regard sur l'origine des éléments dans l'univers primitif[1] ». En ce début d'après-guerre, ses convictions sont déjà profondément ancrées en lui. En effet, même peu élaborés, ses calculs préliminaires lui suggèrent clairement que dès la première milliseconde d'expansion du plasma chaud que représentait alors l'Univers naissant, des noyaux d'atomes d'hydrogène avaient dû être créés. Pouvait-il en être autrement ? Ces hypothèses étaient tellement fascinantes, comme on l'a vu, que Gamow allait peu à peu abandonner toutes les autres questions pour se consacrer exclusivement à celle de l'origine de l'Univers. Semaine après semaine, il met l'accent sur les liens étroits qui, selon lui, doivent nécessairement exister entre la physique nucléaire et la cosmologie. Du même coup, il tient là une façon intéressante de renouveler pour toute l'année suivante le thème de ses conférences de physique théorique à l'université George-Washington et surtout, il ne peut laisser passer l'occasion d'établir de manière éclatante

---

1. George Gamow, *My World Line. An Informal Biography*, Londres : Viking, 1970.

que dès le début, l'Univers est structuré par des lois physiques infiniment précises qui excluent toute forme de hasard.

Pendant plus d'un an, Gamow s'attache donc à convertir ses idées sur l'origine des éléments légers en un article scientifique qui, selon sa propre expression, « devait tenir la dragée haute à tous ses collègues[1] ». Un soir de décembre 1947, quelques jours avant Noël, lors d'une conversation à bâtons rompus avec le physicien Robert Herman, il lui confie avec enthousiasme que durant ses premiers instants d'existence, l'Univers avait dû connaître un équilibre thermique brutalement suivi par une expansion rapide. En faisant les cent pas dans son bureau, Gamow s'immobilise tout à coup devant Herman en lui murmurant, presque sur le ton du secret : « C'est pendant cette phase que tous les éléments légers ont été fabriqués ! Rien n'a été laissé au hasard ! »

Restait à développer cette idée sous la forme d'une publication scientifique acceptable par un comité d'experts. La grande difficulté consistait à établir ces hypothèses dans un langage mathématique cohérent. Et sur ce point, Gamow le savait, il n'était pas

---

1. Idem.

sur son terrain le plus favorable. Comment faire pour formaliser ces idées sans passer des mois en calculs trop compliqués ? Plusieurs fois, il tente le diable. Se lance courageusement dans les calculs. Mais le scénario est toujours le même : les brouillons couverts de ratures finissent au panier ! C'est à cette époque qu'un jeune étudiant du nom de Ralph Alpher entre en scène. Gamow avait entendu parler de ce garçon par Herman qui, à plusieurs reprises, avait vanté les qualités de mathématicien du jeune étudiant : « Avec un nom pareil, ce garçon ne peut pas être mauvais en mathématiques ! » avait alors répondu Gamow en haussant les épaules. Puis il avait ajouté, dans un petit rire : « Et si on l'appelait "Ralph Alpha"[1] ? »

Au début de l'année 1948, loin de se douter que la plaisanterie de Gamow sur son nom allait donner lieu à l'un des poissons d'avril les plus retentissants de l'histoire des publications scientifiques, Alpher s'interrogeait sérieusement sur l'avenir de sa thèse à l'université George-Washington. Il travaillait en même temps au laboratoire de physique appliquée (APL) de l'université Johns-Hopkins

---

1. Idem.

et venait de constater, à son grand désarroi, que le sujet de sa thèse imposé par le directeur du laboratoire sur la formation des galaxies menait à une impasse. Il ne trouvait rien de particulièrement original à ajouter à cette question qui, depuis les découvertes de Hubble en 1929, avait déjà suscité des centaines de publications. De plus, il se doutait qu'il était impossible de résoudre le mystère de la formation des galaxies sans s'interroger sur ce qui avait pu se produire beaucoup plus tôt dans le passé, à l'origine même de l'Univers. Peu à peu, il avait acquis la certitude que le scénario de la formation des grandes structures galactiques reposait sur des événements hautement organisés qui avaient sans doute eu lieu dans les tout premiers instants d'existence de l'Univers.

Alpher en était là de ses interrogations sans se douter que de son côté, Gamow se posait exactement les mêmes questions. Et par une froide nuit de décembre 1947, sans le savoir, Herman allait jouer les faiseurs de destin. Il organise chez lui un dîner « sur le pouce » dans le seul but de permettre à Gamow de mieux apprécier les talents du jeune mathématicien. Dès les premières phrases lancées par-dessus la soupe de potiron et la purée de patate douce, Gamow réalise à quel point il pourra tirer avantage des compétences d'Alpher : ce diable de garçon était sacrément doué pour résoudre en un temps record des problèmes mathématiques de la plus haute complexité. Il connaissait particulièrement bien la théorie géométrique des nombres et était également très à l'aise dans les arcanes des systèmes dynamiques, autant d'outils mathématiques auxquels Gamow n'avait qu'un accès plutôt limité. Dès lors, l'idée d'utiliser les capacités du jeune garçon pour l'aider à formaliser ses intuitions fait son chemin : à la fin du dîner, Gamow décide de donner une orientation entièrement nouvelle à la thèse du jeune étudiant. Désormais, Alpher abandonne ses recherches inutiles sur les galaxies et se consacre exclusivement au problème de la formation des tout premiers éléments de matière, à l'aube des temps, alors que l'Univers venait à peine de naître.

Dès les jours suivants, enthousiasmé par ces nouvelles perspectives, Gamow met son étudiant au travail : « Si tu veux avoir ta thèse, il va falloir te retrousser les manches, mon garçon[1] ! » Au cours de longues séances de discussion devant un tableau noir ou plus sim-

---

1. Idem.

plement autour d'un verre, les deux hommes
précisent peu à peu la nature des questions
qu'ils doivent se poser. Ils sont convaincus
qu'il faut aborder le problème en partant de
la densité de matière mesurée dans l'Univers
qui les entoure. De là, pensent-ils, il suffit
alors de remonter de plus en plus loin dans
le passé pour constater que l'Univers devient
de plus en plus dense et de plus en plus chaud
à mesure que l'on approche de l'époque hypothétique de sa naissance : « Si la pression
augmente, la température augmente nécessairement. Comme dans une cocotte-minute[1] ! »
ironise sans cesse Gamow en riant. Un soir,
après un dîner de travail au Little Vienna, alors
qu'Alpher lui demande comment modéliser le
comportement de la matière lors de sa naissance, Gamow commence à griffonner en silence un couteau sur la nappe. Puis, toujours
crayon en main, il dessinera à traits rapides les
molécules qui composent le couteau et, l'instant d'après, d'un geste expert, les atomes qui
composent les molécules. Enfin, sans lever une
seule fois le crayon de la nappe en papier,
le savant russe trace le contour des protons,
des neutrons et des électrons qui composent

----

1. Idem.

l'atome : en quelques minutes, il a décomposé un simple couteau en ses constituants ultimes, sorte de nuage de particules qu'il appellera plus tard l'« Ylem ». Fier de lui, il repose son crayon et se sert une large rasade de vin rouge qu'il avale d'un seul trait. Dans une interview aujourd'hui accessible sur le site de l'American Institute of Physics, Gamow s'exprime ainsi, à propos de l'Ylem :

« Lorsque j'étais à Washington, pour célébrer le succès de l'article Alpha, Beta, Gamma, j'ai acheté une bouteille de Cointreau et j'ai écrit "Ylem" sur l'étiquette. Puis j'ai photographié la bouteille et dessiné mon visage sous les traits d'un génie qui jaillit de la bouteille. Pour moi, Ylem c'est un mélange de protons, de neutrons et d'électrons. Ce mot vient de l'hébreu ancien mais Aristote l'utilisait déjà pour désigner la "matière à partir de laquelle les éléments ont été formés". La substance primordiale, en somme. »

Dans les semaines qui ont suivi le fameux dîner au Little Vienna, les talents mathématiques de Ralph Alpher vont faire merveille. En quelques équations bien ajustées, sous les yeux fascinés de Gamow, il se fait fort de démontrer que l'expansion de l'Univers a eu lieu à partir d'un état ultradense : les calculs montrent de manière irréfutable que durant cette phase primordiale, toutes les particules élémentaires – en fait les noyaux – nécessaires à la formation de l'hydrogène et de l'hélium observés ont dû être fabriquées en quelques minutes à peine.

En quelques minutes !

Alpher a de quoi être fier : dans la mesure où l'hydrogène et l'hélium représentent à eux deux 99 % de la matière visible contenue dans l'Univers tout entier, il s'agit d'un résultat particulièrement important. Tapant à grands coups sur l'épaule de son brillant élève, Gamow s'est alors exclamé : « Non seulement, tu tiens ta thèse de doctorat, mais tu as formalisé l'une des découvertes les plus importantes en cosmologie. Celle d'un scénario primordial, un ordre déterminant qui n'a rien laissé au hasard afin de permettre l'apparition des premiers éléments de matière. Dans les siècles à venir, tout le monde se souviendra de ton nom[1] ! »

*

Sur ce point, hélas ! Gamow se trompe. Et pour cause. Car sans l'avoir voulu, il va être directement responsable du fait qu'en dehors d'une poignée de spécialistes, presque personne

---

1. Idem.

ne se souvient aujourd'hui du nom d'Alpher. Ceci parce que Gamow sait parfaitement que les calculs d'Alpher représentent la matière première d'un magnifique article scientifique. Il oblige alors son jeune élève à développer ses calculs : « Tu dormiras plus tard ! Il faut que *notre* article soit prêt d'ici la fin du mois de mars ! » Soucieux d'obéir à son directeur de thèse, Alpher va donc travailler d'arrache-pied jusqu'à ce que Gamow se montre satisfait de l'ensemble. Le 8 mars 1948, tard dans la nuit, le bouillant physicien met la dernière main à l'article de son élève. Il sait que ce papier est crucial. Chaque équation, chaque démonstration confirme son idée d'un scénario extraordinairement précis à l'origine de l'Univers. Ce n'est pas un hasard si tous les éléments fondamentaux ont réussi à se former dès les premiers instants d'existence du cosmos. Tout cela ne peut être le résultat d'un simple « coup de dés ». Ou alors, pense-t-il, crayon en main, « les dés sont pipés ! » Corrigeant un mot par-ci, rajoutant une phrase un peu plus loin ou encore une précision en bas de page, Gamow estime alors que le papier est fin prêt à être publié. Il a éliminé toutes les coquilles, peaufiné lui-même tous les détails et trouvé le titre : « L'Origine des éléments chimiques ».

Son objectif ? Rien moins que d'établir et de démontrer clairement, pour la première fois, que les briques de presque tout le contenu matière de l'Univers ont été créés en quelques minutes à peine, lorsque la température du « four cosmique » était suffisamment élevée pour synthétiser les noyaux d'atomes d'hydrogène.

Trois jours plus tard, après avoir avalé son café très tôt dans la matinée, Gamow décide d'envoyer le fameux article au journal *Physical Review*. Or à quelques jours seulement du 1er avril, la tentation de profiter de cette date pour l'une des facéties dont il était coutumier est trop forte pour Gamow. Il veut jouer un bon tour à la communauté scientifique. Sans avertir quiconque – et surtout pas Alpher – il rajoute à la dernière minute le nom du physicien Hans Bethe aux signataires de l'article : les trois auteurs peuvent alors se lire, dans l'ordre de l'alphabet grec : Alpha (pour Alpher), Beta (pour Bethe) et Gamma (pour Gamow). Trop heureux d'avoir risqué cette superbe farce alphabétique, il n'en soufflera mot à quiconque jusqu'à ce que, une quinzaine de jours plus tard, l'article soit enfin publié.

En ce 1er avril 1948, dans le volume 73, n° 7 de la *Physical Review*, le fameux article est publié pages 803-804. Or, contrairement à ce que

Gamow avait fait semblant de croire, pour Alpher ce sera un véritable camouflet. Furieux, brandissant le journal dans sa main gauche, il se précipite dans le bureau de son directeur de thèse et lui demande de s'expliquer : pour quelles raisons Hans Bethe figure-t-il au générique de leur article alors qu'il n'en connaît même pas l'existence ? Sans se départir de son calme, toujours souriant, Gamow hausse alors les épaules et répond : « Tu auras tout à gagner à cosigner un article avec un physicien du calibre de Bethe ! Sa réputation rendra ton nom célèbre dans le monde entier[1]. »

Mais c'est tout le contraire qui allait se produire. Bien loin de servir Alpher, la renommée de Bethe et de Gamow éclipsera rapidement le nom du jeune étudiant : tout le crédit du papier qu'Alpher avait rédigé presque à lui seul allait bénéficier aux deux savants dont la célébrité était considérable.

Au-delà de cet épisode, l'article Alpha-Bêta-Gamma représente une étape essentielle dans le débat opposant les défenseurs du cosmos éternel et chaotique à ceux qui soutenaient, au contraire, l'idée d'un début ordonné de l'Univers. Cet article pionnier a montré qu'il était

---

1. George Gamow, *My World Line*, *op. cit.*, p. 161.

possible de calculer précisément les processus nucléaires qui auraient pu survenir après un début hypothétique et ainsi de tester une théorie de la création. Gamow jubile. Lui qui s'est largement inspiré des travaux d'Henri Poincaré sur le chaos, il tient enfin la preuve ultime que le scénario cosmologique dépend entièrement des conditions intitiales. Et ces conditions, il vient de les établir. De quoi confirmer avec éclat ce que Poincaré avait déclaré dès la fin du XIXe siècle : « Si nous connaissions exactement les lois de la nature et la situation de l'univers à l'instant initial, nous pourrions prédire exactement la situation de ce même univers à un instant ultérieur. » Ainsi, grâce au génie de Gamow et aux calculs d'Alpher, il devient désormais possible de déterminer les conditions initiales et de pointer vers deux solides éléments de preuve : l'expansion de l'Univers d'un côté, l'abondance de l'hydrogène et de l'hélium de l'autre.

Ce 1er avril 1948, un pas décisif vient d'être franchi en direction du Big Bang et d'un scénario cosmologique rigoureusement structuré par des lois physiques dont l'enchaînement implacable ne laissse rien au hasard. 15 minutes à peine après le Big Bang – un quart d'heure – tous les noyaux des éléments légers (hydrogène, hélium, etc.) sont formés. 380 000 ans plus tard ont émergé les premiers atomes de matière. Est-ce que ce fantastique « miracle » a pu laisser une trace dans le ciel ? Préparez-vous à assister à une nouvelle défaite du hasard.

Chapitre 17

Vers l'écho du Big Bang

Une quinzaine de jours après les événements tumultueux qui ont entouré la publication de son article tenu pour sulfureux par certains, Alpher soutient sa thèse de doctorat. Gamow est aux anges. La salle d'examen déborde de monde, jusqu'aux gradins suspendus qui menacent de se rompre sous la masse des auditeurs. Combien sont-ils ? Au moins trois cents, se dit Gamow en se frottant les mains. Sans compter les journalistes qui font crépiter leurs lampes flash à tout bout de champ. Comme on pouvait s'y attendre, le matin du 14 avril 1948, c'est le choc ! Les Américains s'arrachent le *Washington Post* qui titre en gros caractères à la une : *L'Univers est né en cinq minutes !* Naturellement, la nouvelle se répand comme une traînée de poudre. Des quatre coins du monde, on accourt vers l'étudiant pour recueillir quelques mots de lui sur le secret de la création et le fantastique scénario qui en découle. De plus en plus excité à mesure que les questions pleuvent, Alpher affirme que les événements du début des temps ne peuvent être le résultat d'un simple accident. Ou alors, ajoute-t-il en riant, cet accident est *prémédité*. Savourant ces moments-là, Gamow s'arrange parfois pour pousser du coude son élève et répondre à sa place, noyant alors ses auditeurs subjugués sous des tonnes de détails.

Tout cela fait réfléchir notre bouillant physicien. Un soir, après une longue discussion avec Alpher, alors qu'il vide d'un coup sec son troisième verre de vodka, voilà qu'il repense à la bouteille brisée sur le sol, durant cette lointaine soirée en Russie avec Landau, vingt-cinq ans plus tôt. Si l'Univers a vraiment connu une phase durant laquelle il était fantastiquement dense et chaud, alors impossible qu'un événement d'une telle ampleur n'ait pas laissé de trace ! Mais laquelle ? Où donc la chercher ? Le lendemain et les jours suivants, il en reparle avec Alpher. Ce dernier est convaincu, comme son directeur de thèse, que le déferlement dans le vide primordial de cet inimaginable torrent de chaleur a inévitablement laissé une empreinte quelque part, au cœur de l'Univers. Mais il est plus précis. Pour lui, cette trace n'est autre qu'une sorte de lumière. Un rayonnement. Pour trouver cette première lumière, il faut avant tout se jeter dans les calculs. C'est ce qu'il va faire avec Herman. Mais c'est sans compter la réaction de Gamow. Sentant qu'il faut aller vite pour ne pas être coiffé au poteau par son élève, lui aussi se met à calculer. Et le 30 octobre 1948, il publie dans la fameuse revue *Nature* un article où, pour la première fois, apparaît l'idée d'une « température de l'Univers », telle qu'elle pourrait exister dans l'espace séparant les étoiles. Les ordres de grandeur ne sont pas vraiment les bons (Gamow parle d'une température de 30 degrés) mais l'intention est bel et bien là.

Quinze jours plus tard, deuxième article dans la même revue sur le même thème. Il est signé par Alpher et Robert Herman. Cette fois, les choses se précisent. Les deux jeunes gens mentionnent dans leur article (particulièrement bien rédigé) l'existence d'une « radiation » dans l'Univers, qui avait dû s'arracher de la matière primitive à une température d'environ 3 000 degrés. Puis, selon eux, ce rayonnement s'était refroidi au cours de l'expansion, jusqu'à atteindre les 5 degrés.

Aiguillonné par l'article de son élève, Gamow franchit enfin une dernière étape, décisive dans la conquête de la première lumière de l'Univers. Selon lui, ce rayonnement « fossile », écho de la grande explosion du début, est inévitablement « ordonné ». Pas de place pour le hasard à cette échelle ! Pour autant, cette première lumière est-elle totalement uniforme d'un bout à l'autre ? Gamow secoue la tête. Il ne le pense pas. N'oublions pas que notre Russe a consacré la première partie de sa vie à la mécanique quantique. Il sait mieux que personne que les phénomènes à l'échelle des particules élémentaires sont inévitablement soumis à des fluctuations. Il en tire donc une prédiction spectaculaire : le rayonnement fossile ne *peut pas* être partout exactement le même ! Ni totalement uniforme ! Il doit présenter, d'un point à un autre, de minuscules différences (des « anisotropies », comme on dit aujourd'hui). Légèrement plus chaud ici. Un peu plus froid là-bas. Au moment où il agite ces idées prophétiques, Gamow est bien loin de se douter qu'il a des dizaines d'années d'avance sur l'histoire. Comment aurait-il pu imaginer que soixante-dix ans plus tard, un satellite nommé Planck allait réussir l'exploit inimaginable de *photographier* le rayonnement fossile ? De mesurer, avec une vertigineuse précision, les infimes différences de température de la première lumière ?

*

En ce début d'année 1949, les éléments du puzzle se mettent donc en place un à un. Gamow en est venu à cette idée toute simple : si l'Univers reposait sur le hasard, il ne serait ni compréhensible ni explicable. Pire encore : s'il n'avait pas été organisé, il n'aurait jamais conduit à la vie et à la conscience. En esprit logique, le savant russe sait que les événements qui ont permis à la matière et à la vie d'exister découlent d'une chaîne causale ultraprécise qui n'admet aucun maillon faible. Mais reste encore à montrer que tout cela « tient debout », comme le répète Gamow à tout bout de champ. Il faut des preuves solides. Mais lesquelles ? Où les trouver ? Pas facile de se procurer un thermomètre pour prendre la température du cosmos ! Pourtant, cette preuve a fini par surgir un beau jour. Mais vous allez le voir, pas du tout comme on l'attendait.

Chapitre 18

La riposte du hasard

Quinze longues années se sont écoulées depuis les fracassantes publications de Gamow et Alpher. Et le moins qu'on puisse dire, c'est que les progrès n'ont pas été au rendez-vous. L'origine de l'Univers ? Dans les années 1950, l'Amérique et le reste du monde ont bien d'autres chats à fouetter. Pour les Américains, ce qui compte, c'est de terminer proprement leur intervention militaire en Corée. Quant aux Européens, ils tentent à grand-peine de refermer les douloureuses cicatrices ouvertes par la Seconde Guerre mondiale. Que peuvent peser ces idées plus ou moins farfelues de Big Bang face à tout un monde à relever de ses ruines ?

Justement, le mot « Big Bang » a surgi du jour au lendemain en 1949 – le 28 mars exactement – durant une émission de radio. Ce jour-là, le bouillant Fred Hoyle, astronome de

Sa Majesté au puissant Saint John's College de Cambridge, est invité dans les studios de la BBC pour parler de l'Univers. Au passage, il est question des idées de Gamow sur l'origine de l'Univers. Hoyle sursaute et soudain voit rouge. Les idées de Gamow ? Un ramassis d'âneries, tout juste bonnes à abrutir ses élèves et à leur barrer à jamais la route de l'université. L'origine de l'Univers ? Une farce ! Comment croire que le cosmos tout entier, avec ses milliards de galaxies, ait pu surgir d'un... « Big Bang » ?

Un Big Bang !

Le mot – fabuleusement évocateur – était lâché... En deux temps trois mouvements, il allait mettre le feu aux poudres. Faire le tour de Londres, puis de l'Angleterre et enfin du monde entier. Et aujourd'hui, malgré les intentions ouvertement ironiques de son auteur, malgré les nombreuses tentatives pour le remplacer, le mot est installé pour toujours dans notre vocabulaire.

*

Pourtant, en ce lointain début des années 1950, Fred Hoyle triomphe. Il en est fermement convaincu, le cosmos n'a jamais eu

d'origine. *Jamais !* Pour lui, cette histoire grotesque de commencement cosmique se réduit à
de la pseudoscience et a de désagréables relents
créationnistes. Pire, religieux ! Bref, tout ça ne
tient pas debout. D'autant moins qu'en 1957,
il montre avec éclat que les éléments lourds de
l'Univers – la matière solide, celle dont est faite
notre planète – ont été fabriqués à l'intérieur
des étoiles et évidemment pas au moment du
Big Bang, comme le pense à tort Gamow. Cette
découverte (qui renforce encore son prestige, à
Cambridge comme dans le reste du monde) a
deux conséquences. La première, c'est qu'elle
donne de plus en plus de crédit à son idée selon laquelle l'Univers est fixe. Au passage, sans
qu'il l'ait vraiment voulu, Hoyle ouvre en grand
la voie à un retour du hasard. Encore une fois,
dans un Univers éternel, il y a toujours une petite place à prendre pour le hasard.

Mais surtout, le succès de Hoyle isole progressivement Gamow et ses élèves. Peu à peu,
l'idée même de Big Bang commence à perdre
de son éclat, aussi bien auprès des scientifiques
que du grand public. Il est vrai que les preuves
se font attendre. L'expansion de l'Univers ? Selon Hoyle, une simple illusion due à la « fatigue » de la lumière, c'est-à-dire une perte pro-
gressive de l'énergie des photons à mesure qu'ils

traversent les immenses distances cosmiques. A un moment, en 1958, Gamow (qui a suivi avec enthousiasme l'exploit de ses camarades soviétiques réussissant à lancer le premier satellite de l'histoire) a bien eu une idée. Pourquoi ne pas utiliser un satellite pour détecter l'écho du Big Bang ? La question est renversante. Mais elle vient trente ans trop tôt. Lorsqu'il se risque à en parler à quelques-uns de ses collègues, ceux-ci éclatent de rire. A la troisième tentative, Gamow finit par hausser les épaules et jette ses croquis au panier. La bataille du Big Bang serait-elle sur le point d'être perdue ? Toujours est-il que peu à peu, Gamow va s'éloigner de la physique pour se tourner vers la biologie. Entre autres, il va désormais appliquer son génie – avec succès – au décodage du code génétique. Alpher, lui, ne surmontera jamais l'amertume d'avoir été sous le joug de Gamow. Il va quitter l'université pour entrer chez General Electric. Et Herman ? Lui aussi va tourner à jamais le dos à la recherche pour vendre des voitures chez General Motors.

La page semble bel et bien tournée.

Mais une fois de plus, quelque chose de totalement imprévu va se produire. Et changer pour toujours la face du monde.

Chapitre 19

L'ordre de la première lumière

Une brise d'été, venue d'on ne sait où, frôle les hautes herbes d'une colline perdue.

Nous sommes en 1965, un peu à l'écart de la bourgade de Holmdale, dans le New Jersey. Autant dire au milieu de nulle part. Des arbres, des buissons aux ombres fraîches sous le soleil, c'est tout. Mais tout au fond, de l'autre côté des arbres, se dresse une gigantesque antenne à roue construite en 1959. Cette sorte de corne géante est prolongée par une drôle de cabane en bois, un peu comme une baraque de trappeur suspendue plusieurs mètres au-dessus du sol. Souvenez-vous bien de ces images car c'est là, au fin fond de ce désert de bosquets et de verdure, que deux jeunes gens tout juste sortis de l'université avec leurs doctorats en poche vont faire l'une des plus grandes découvertes de tous les temps. Et gagner le prix Nobel. Leurs noms ? Arno Penzias et Robert Wilson.

Deux noms aujourd'hui mythiques, pour deux personnages entrés dans la légende.

*

Dans la légende ? Nous allons découvrir plus loin pourquoi et comment. Mais auparavant, faisons un saut d'un demi-siècle, jusqu'en 2010. Cette année-là, nous avons eu la joie profonde de nous entretenir longuement avec Robert Wilson, grand héros de cette immense aventure. Et voici ce qu'il nous a dit de Crawford Hill, la colline perdue : « Il m'est impossible d'imaginer un endroit où j'aurais pu être plus heureux. Notre bâtiment ouvrait sur l'arrière vers une colline couverte d'herbes et de fleurs où se dressaient diverses antennes, y compris le réflecteur de vingt pieds. Ce n'était pas seulement "commode" de travailler là-bas : c'était follement agréable d'être dehors, au beau milieu de la nature[1]. »

Les deux étudiants se sont retrouvés à Crawford Hill en 1963 un peu par hasard. Wilson est le plus jeune des deux. Il descend d'une rude lignée de fermiers texans et a passé toute son

---

1. Robert W. Wilson, postface de l'ouvrage de I. et G. Bogdanov, *Le Visage de Dieu*, Grasset, 2010.

enfance à courir le long des interminables barrières en bois du ranch familial, entre les rochers et les cactus, du côté de Dallas. C'est là, au fond d'une grange poussiéreuse, qu'il s'est escrimé chaque soir à mettre en pièces puis à remonter tant bien que mal des postes de radio, des téléphones et tout un tas d'appareils hérissés de bobinages. Devenu un as du bricolage électronique, il connaît les radios mieux que personne lorsqu'il passe sa thèse de doctorat en 1962. Et tout naturellement, il choisit l'un des laboratoires radio de la compagnie de téléphone Bell pour effectuer son stage de post-doc. Il n'a jamais mis les pieds dans le New Jersey lorsqu'il atterrit à Crawford Hill.

Arno Penzias, lui, vient d'un tout autre horizon. Ses parents sont juifs et il naît en Bavière, le 26 avril 1933 (le jour même où, avec la bénédiction de Hitler, Hermann Göring fonde la Gestapo). Victime d'une rafle à grands coups de sifflet en 1938, la famille a failli être déportée en Pologne. Mais à l'issue d'un incroyable miracle, le train de la mort est refoulé à la frontière. Dans le grincement de l'acier, éventrant la neige noircie par les vapeurs de charbon, le convoi fait marche arrière vers l'Allemagne. Le père ne laissera pas passer cette chance. En 1939, la famille réussit le tour de force de se faufiler hors de cet enfer qu'est devenue l'Allemagne pour se retrouver enfin à l'air libre ! En Amérique.

Les gratte-ciel de New York incitent alors le petit Arno à lever les yeux vers les étoiles. Du haut de ses six ans, il se jure de réaliser un jour son rêve : devenir astronome ! Brûlant les étapes au pas de course, il apprend l'anglais en moins de deux, devient premier de la classe et soutient sa thèse de doctorat à l'université Columbia. Et au début des années 1960, le voilà à son tour à Crawford Hill.

*

Chaque matin, les deux radioastronomes braquent donc leur antenne ultrasensible vers le ciel. Leur tâche ? Calibrer les communications entre la terre et un satellite de télécommunications prophétiquement baptisé Echo. Or en ce paisible mois de mai 1965, profitant de leurs moments de liberté, les deux jeunes gens se sont mis en tête de sonder la Voie lactée sur une longueur d'onde de 7,5 centimètres. Juste histoire d'en savoir un peu plus sur le halo de notre galaxie. Mais après une journée d'essais plus ou moins ratés, voilà qu'ils se mettent à pester contre leurs instruments. Il est tard dans la nuit et une fois de plus, ils captent ce « son » étrange. Comme un bruit de fond, toujours le même, dans toutes les régions de la voûte céleste. Ils l'ont capté dès l'aube et n'ont pas pu s'en débarrasser de toute la journée. Les semaines suivantes, ils ont beau multiplier les essais, orienter l'antenne aux quatre coins du ciel, rien à faire ! Ce sacré parasite sonore est toujours là. Mesures et calculs faits, Penzias et Wilson s'aperçoivent que ce bruit omniprésent correspond à une température très basse, de l'ordre de 2,7 degrés à peine au-dessus du zéro absolu.

De quoi s'agit-il ?

Comme Wilson nous l'a raconté en 2010, il n'avait pas la moindre idée de ce que pouvait être ce signal : « Nous n'avions jamais supposé qu'il ait pu avoir une origine extraterrestre. Nous avons épluché la liste de ce qui aurait pu causer ce problème et vérifié chaque élément de notre équipement : pendant près d'un an, nous avons passé toutes nos mesures au peigne fin[1]. »

En vain. L'énigme paraît insoluble. Il faut dire qu'à cette époque, Penzias et Wilson n'ont encore jamais entendu parler de Gamow. Ni

---

1. Idem.

de ses fantastiques idées concernant l'existence d'un écho de l'explosion originelle baignant tout l'Univers depuis sa naissance. A dire vrai, nos deux jeunes chercheurs n'ont même jamais pensé que l'espace-temps (selon la belle expression de Hermann Minkowski, le professeur d'Einstein à Zurich) pouvait avoir une origine. De plus, nous l'avons déjà évoqué, Fred Hoyle croyait dur comme fer que l'Univers était fixe et, donc, éternel. Or, par un paradoxal détour de l'histoire, Wilson a été son élève. Et comme il nous l'a confié, cela avait laissé des traces : « A la fin des années 1950, alors que j'étais étudiant à Caltech, l'unique enseignement en cosmologie était dispensé par Fred Hoyle. Comme chacun sait, Hoyle était l'auteur et le défenseur acharné de la théorie de l'Univers stationnaire. Celle-ci me plaisait assez. C'est pourquoi on ne peut pas dire que j'étais particulièrement orienté vers une cosmologie de type "Big Bang"[1]. »

Le mystère est donc total et va durer neuf mois. Jusqu'au jour où une équipe d'astrophysiciens de Princeton – à une cinquantaine de kilomètres de là – apportent enfin une réponse. Ce que nos deux jeunes ont découvert par hasard

---

1. Idem.

n'est autre que le fameux rayonnement fossile prédit par Gamow. La trace fantastiquement refroidie de la formidable explosion qui, des milliards d'années dans le passé, a donné naissance à notre Univers. On pourrait comparer ce qui s'est passé à une colossale tempête de lumière, qui s'est déchaînée 380 000 ans après le Big Bang. A quoi ressemblait alors l'Univers ? Difficile de s'en faire une idée. Au moment où la première lumière a commencé son long voyage vers nous, il n'y avait encore aucune planète, aucune étoile, aucune nébuleuse. Mille fois plus petit et un milliard de fois plus dense qu'aujourd'hui, le cosmos n'était qu'une sorte de gaz tourbillonnant à la température infernale de 3 000 degrés. Et ce que par miracle Penzias et Wilson sont parvenus à capter, ce sont tout simplement les dernières volutes, la trace de cette formidable tempête qui s'est mise à soufler au fin fond de l'Univers, au commencement du temps.

*

Quarante-cinq ans après la fantastique découverte de Penzias et Wilson, en 2010, nous avons eu la chance unique de retrouver Jim Peebles, l'un des quatre chercheurs de l'équipe de Princeton. Voici ce qu'il déclarait dans la postface à notre ouvrage : « Penzias et Wilson étaient aux anges. Ils avaient une interprétation de leur problème : leur antenne détectait un rayonnement venu du fond de l'espace, peut-être le rayonnement du Big Bang lui-même. Nous étions heureux[1]. »

Difficile de dire à quel point Gamow, lui aussi, est heureux. Tout comme son ancien camarade, Lev Landau (qui, entre-temps, a obtenu le prix Nobel). En Amérique comme derrière le rideau de fer, pour les pionniers de la première heure, c'est le triomphe ! Treize ans plus tard, en 1978, Penzias et Wilson sont récompensés par le prix Nobel. Plus exactement par la moitié du prix. Car cette année-là, le Nobel sera également décerné à un autre physicien. De qui s'agit-il ? Par une fantastique boucle du destin, de Piotr Kapitsa, le mentor de Landau ! En quelques mots, Wilson nous donne une idée de l'atmosphère qui régnait à l'époque : « Au-delà du grand honneur d'être récompensé, le prix Nobel a totalement changé nos vies. Au-delà de la communauté scientifique, le monde entier découvrait ce que nous avions fait. Et en même temps, il devenait

---

1. *Le Visage de Dieu, op. cit.*

évident que le rayonnement de fond cosmologique devenait quelque chose de très important. Le prix Nobel ouvre la voie vers quantité d'autres choses. Il m'est difficile de dire ce que le comité Nobel aurait dû faire. Mais je crois que certains de nos collègues auraient dû partager le prix avec nous. En particulier Gamow, Alpher et Herman qui, dans les années 1940, avaient prédit le rayonnement de fond issu d'un Big Bang ou encore Peebles et Dicke qui étaient partie prenante de cette découverte. Même si certains de ces collègues ont certainement été déçus d'avoir été oubliés, je n'ai ressenti aucune amertume à notre égard de la part de Gamow qui me semblait au contraire enchanté de notre découverte du rayonnement fossile[1]. »

Toutefois, en cette année 1965, il reste quand même une dernière question dans la tête de Gamow. Une question qu'il ne pose ni à Wilson ni à personne mais qui le tracasse fortement. Est-ce que la température mesurée à Crawford Hill est vraiment partout la même ? Dans son for intérieur, sans qu'il puisse le démontrer, il est convaincu que ce n'est pas le cas. Pour lui, comme nous l'avons vu, il doit exister ici et là

---

1. Idem.

d'infimes différences dans ce rayonnement fossile, de l'ordre de quelques millièmes de degrés en plus ou en moins par rapport à la moyenne. Mais comment diable mesurer des écarts si petits ? Avec quels instruments ?

La réponse à cette question ne viendra qu'un quart de siècle plus tard, avec les puissants satellites. D'abord l'étonnant engin russe Prognoz 9, lancé par les Soviétiques en 1983. Il fera une première cartographie, très rudimentaire, du fond du ciel. Mais déjà, il y décèlera les motifs, comme le reflet de cet ordre extraordinaire qui a régné au moment du Big Bang, il y a 13 milliards 820 millions d'années. Puis c'est le tour de COBE, lancé par la Nasa en 1989. Trois ans plus tard, face au spectacle du réglage époustouflant, au 100 000ᵉ de degré près, qui règne dans le premier feu de l'Univers, l'astrophysicien George Smoot est à ce point pétri d'émotion qu'il lance vers le ciel : « C'est comme voir le visage de Dieu[1] ! » Dix ans plus tard, toujours en Amérique, est lancé WMAP. Cette fois, l'image du rayonnement fossile est beaucoup plus précise. Mais là encore, c'est la trace d'un prodigieux ajustement primordial

---

1. George Smoot et Keay Davidson, *Les Rides du temps*, Flammarion, 1994.

qui se dessine. Enfin, le 21 mars 2013, c'est un engin européen, le satellite Planck, qui nous revient de son long voyage avec des révélations stupéfiantes. Pour la première fois, face à des phénomènes très mystérieux auxquels personne ne s'attendait, les scientifiques parlent d'aller chercher l'explication « avant le Big Bang » ! Quant à l'ajustement observé, il est plus élevé que jamais.

Alors ? D'où vient-il ?

Une fois de plus, nous allons reprendre notre exploration. Et pour cette dernière étape, quelque chose de fascinant nous attend au fond de l'inconnu.

Chapitre 20

L'énergie noire :
de l'ordre avant le Big Bang

29 mai 1997, près de Genève, au CERN. Un soleil bleu et frais, mélange en douceur l'air de ce début d'été. Il prend tout le ciel, presque en vacances. Quelques minutes plus tôt, nous avions confirmé notre rendez-vous avec le physicien italien Gabriele Veneziano qui nous reçoit avec gentillesse dans son bureau. Il vient d'ouvrir en grand la fenêtre de la pièce où s'entassent, en piles incertaines, une quantité invraisemblable de papiers, d'abstracts et autres journaux scientifiques. L'air de la campagne frôle les murs avec la légèreté des lumières de mai. Professeur au Collège de France depuis 2004, Veneziano est considéré à juste titre comme le père de l'étrange théorie des cordes : un nœud coulant de mystères. Mais ce jour-là, nous n'étions pas venus lui parler des cordes ou de leurs variantes. Après

les premiers mots de convenance – « Comment ça va ? Et la recherche ? C'est vraiment agréable, ce bureau, etc. » –, nous avons fini par lui demander : « Qu'est-ce que vous pensez de l'expansion de l'Univers ? » Notre question semblait débarquer de nulle part. Encore un autre silence qui allait bien avec le calme de ce début d'après-midi. Veneziano ferma les yeux quelques instants. Il s'agissait peut-être de mettre ses idées en culture. Puis il finit par répondre, dans un demi-sourire chantant, que le phénomène était connu depuis longtemps. Qu'il n'y avait donc pas grand-chose de nouveau à en dire. Nous lui avons alors répondu qu'au fil des mois, puis des années, nous avions vu quelque chose de bizarre dans nos travaux de thèse. Une anomalie qui sortait tout droit des calculs. De quoi s'agissait-il ? A en croire nos équations, non seulement l'expansion de l'espace-temps n'aurait pas de fin, mais de surcroît, le phénomène irait croissant ! En d'autres termes, notre Univers ne pouvait pas se dérober à une force très mystérieuse, une énergie énigmatique qui poussait le tissu même de l'espace-temps à grandir de plus en plus vite. C'était bien la première fois qu'une telle hypothèse – à l'époque très peu vraisemblable – apparaissait dans des calculs qui n'avaient rien à voir avec la question de l'expansion proprement dite.

Face à ce scénario cosmologique pour le moins inattendu, Veneziano recula un peu dans l'ombre de son fauteuil, tout près d'un silence définitif. Il semblait réfléchir pour lui-même. Finalement, en quelques mots accentués par sa langue natale, Veneziano conclut simplement qu'il se méfiait des mathématiques trop sophistiquées. Dont acte. Il ne nous restait plus qu'à retourner vers Paris, n'emportant de notre rencontre avec Veneziano que le souvenir de son sourire disponible et de son accent qui suffisait à le rendre *aimable* (un bon accent italien est la façon la plus simple de se rendre sympathique sans effort).

Mais revenons à ces bizarreries que nous avions rencontrées dans nos calculs. Le moins qu'on puisse dire, c'est que notre idée d'une *expansion accélérée* et ordonnée de l'Univers n'éveilla guère l'intérêt des chercheurs du CERN. Ni ceux d'ailleurs. Aucun d'entre eux n'était prêt à accepter l'existence d'un phénomène en contradiction aussi manifeste avec les observations de l'époque. Pendant plus d'un an, notre hypothèse resta donc sagement entre les pages de notre thèse sans susciter le moindre écho.

*

Au milieu de l'automne 1998, quelque chose d'extraordinaire allait se produire. En quelques heures à peine, une nouvelle très inattendue allait faire le tour de tous les laboratoires astronomiques que comptait la planète. Elle allait également s'afficher à la une des journaux du monde entier, à commencer par la célèbre revue *Nature* qui ira jusqu'à titrer en gros caractères : « La Révolution de l'Année ! ». Un débat scientifique particulièrement intense commença à agiter la communauté des astronomes et des astrophysiciens : emails, discussions téléphoniques, symposiums, conférences, séminaires, etc., sans que la controverse s'épuise. Pour quelle raison une telle effervescence ? En réalité, il y avait de quoi brasser toutes sortes d'hypothèses : deux équipes d'astronomes venaient de conclure, indépendamment l'une de l'autre, qu'à l'inverse de tous les modèles, l'Univers subissait une expansion de plus en plus rapide. Il grandissait de plus en plus vite. Cette découverte spectaculaire venait d'être établie à la faveur d'observations de ces étoiles géantes en train d'exploser, appelées *supernovae*. Leur rayonnement bien connu permet de situer très précisément leur distance : elles représentent, en quelque sorte, des repères lumineux dans l'infini. Or justement, en observant le spectre et la luminosité émise par 58 supernovae, deux équipes d'astronomes – l'une menée par Saul Perlmutter du Lawrence Berkeley National Laboratory, l'autre par Alex Filippenko de l'université de Californie à Berkeley – ont découvert que ces étoiles se trouvaient bien plus loin qu'on le pensait. L'événement était de taille. Car il impliquait que le taux d'expansion était au moins 15 % plus élevé que le modèle standard l'avait établi. Pour quelle raison ? Quelle était la force mystérieuse qui « soufflait » ainsi l'Univers ?

Faute de mieux, comme on ne la voyait pas et que personne n'avait la moindre idée de ce dont il s'agissait, on a alors décidé d'appeler cette force mystérieuse l'« énergie noire ». Un nom qui évoque irrésistiblement les menaces et les mystères que l'on rencontre dans les films de science-fiction genre *Guerre des étoiles*. Si ce phénomène extraordinaire était confirmé, alors, comme poussées dans le vide grandissant par une force invisible, étoiles et galaxies s'éloigneraient irréversiblement les unes des autres. S'écarteraient de plus en plus, sans jamais revenir en arrière. Jusqu'à l'infini. Jusqu'à ce qu'elles disparaissent de l'horizon et que, dans un avenir immensément lointain, le ciel devienne noir pour l'éternité.

*

L'année suivante, le 26 juin 1999, après bien des péripéties, la direction de l'Ecole polytechnique nous a finalement autorisés à soutenir publiquement nos deux thèses qui faisaient déjà l'objet de nombreuses discussions. Dans les milieux de la physique théorique, un bruit insistant avait commencé à se répandre : les Bogdanov s'étaient donné pour but de décrire l'Univers avant le Big Bang ! A quelques exceptions près (celle des mathématiciens) les membres du jury n'étaient pas du tout disposés à accepter les idées « insensées » que nous défendions : en particulier, celle d'une expansion *accélérée* de l'espace-temps sous l'impulsion d'un mystérieux « champ scalaire » que nous avions vu apparaître dans nos calculs. Or à l'exception d'un des physiciens, aucun des membres de nos jurys n'avait établi le lien entre notre « champ scalaire » et cette mystérieuse énergie noire observée en 1998 par les deux équipes d'astronomes. Et pourtant, l'observation de l'expansion accélérée (qualifiée par Stephen Hawking d'une des plus importantes du siècle) devait changer la face du monde. Car à partir de là, il devenait possible, une bonne fois pour toutes, d'écarter cette idée un peu absurde selon laquelle, au terme de sa longue course, l'Univers finirait par « retomber sur lui-même », un peu comme un soufflé s'affaisse au fond du plat en refroidissant. De plus, l'existence de cette énigmatique énergie noire impliquait un réglage vertigineux : de l'ordre de 10 puissance 120. Pourquoi un tel réglage ?

Mais arrêtons-nous un instant sur cette mystérieuse « énergie noire ». Elle aurait commencé à faire sentir ses effets environ 5 milliards d'années après le Big Bang. Certains y ont vu une nouvelle force de l'Univers, la cinquième après les quatre autres déjà connues. D'où le nom qu'on lui a parfois attribué : la *quintessence*. Pour d'autres, cette énergie inconnue a quelque chose de vaguement inquiétant, qui la fait tomber « du mauvais côté de la force » (comme on dit chez les fans de *Star Wars* : pour ceux-là, le nom d'« énergie noire » convient à merveille). Mais quoi qu'on puisse en penser, si la réalité de ce phénomène est désormais clairement établie, sa raison d'être reste totalement énigmatique. Comment l'expliquer ?

L'énergie noire est décrite dans tous les laboratoires comme une sorte d'autodilatation de la sphère cosmique qui contient l'espace, le temps, l'énergie et la matière. En d'autres termes, cette fameuse énergie noire est la force qui régit la vitesse à laquelle l'Univers tout entier se dilate. Or si par exemple, à différentes époques de son histoire, l'Univers avait été en expansion un peu trop rapide ou, au contraire, trop lente, les étoiles et les planètes indispensables à la vie ne se seraient jamais formées ou seraient apparues au mauvais moment, interdisant à la vie d'apparaître. En fait, si l'énergie noire avait été modifiée d'un seul chiffre sur 10 puissance 120, l'Univers aurait été incapable d'engendrer la vie. Sur ce point, Leonard Susskind, l'un des pères de la théorie des cordes, professeur de physique à l'université Stanford, a déclaré : « Il est incontestable que l'Univers dépend de quantité de paramètres dont le réglage est tel que le plus petit changement ferait que la vie ne pourrait pas apparaître, que la vie intelligente ne pourrait pas exister. » Le 18 février 2005, lors d'une conférence organisée par l'Association américaine pour le progrès de la science, Susskind a déclaré, à propos de l'énergie noire : « Cette énergie inconnue est vraiment réglée de manière incroyable. Si elle avait des valeurs différentes, aucune galaxie, aucun système solaire n'aurait pu se former. Et la vie ne serait jamais apparue. »

Disons-le franchement : même si son existence semble conditionner celle de l'Univers tel que nous le connaissons, l'énergie noire demeure à ce jour un mystère total. Malgré les mesures très précises du satellite Planck, son origine et son contenu sont inexpliqués. Plus de quinze ans d'efforts n'y ont rien changé : personne, aucun physicien théoricien, aucun astrophysicien n'est en mesure d'apporter une réponse satisfaisante à cette formidable énigme. A la fin de l'année 1998, alors que nous discutions de certaines conséquences de la théorie des cordes avec Edward Witten (l'un des meilleurs experts de cette théorie compliquée), la conversation s'était déplacée vers l'énergie noire. Le physicien mathématicien nous a alors confié : « La découverte de l'énergie noire a changé de fond en comble tout ce que nous pouvons penser à propos des lois de l'Univers. » Certes. Mais que pouvait-on dire de plus de cette force non identifiée, qui remplit tout l'Univers à grande échelle ? D'après les dernières estimations du satellite Planck, cette énergie représenterait 69,4 % du contenu total de l'Univers (la matière ordinaire qui nous entoure ne représentant à peine que 4,8 % de l'ensemble).

Pour faire court, tout le monde est d'accord pour conclure que l'énergie noire représente une sorte de « pression négative », une « énergie fantôme » qui ressemble beaucoup à la fameuse constante cosmologique introduite par Einstein en 1916 (avant qu'il la récuse comme étant « la plus grande erreur de sa vie »)[1].

Mais revenons en 1998. Comme nous l'avons écrit ailleurs[2], ce que nous soutenions alors à nos interlocuteurs (Veneziano n'était pas le seul) c'est que notre idée d'une possible fluctuation de la signature de la métrique au moment du Big Bang impliquait *nécessairement* (à nos yeux, c'était même inévitable) la présence dans les équations d'une nouvelle force. Ce phénomène assez inattendu avait été remarqué par le physicien mathématicien Moshé Flato, notre directeur de thèse à l'époque. Le 5 octobre 1995, dans un rapport d'étape sur nos recherches, sa conclusion quant à la force mystérieuse que nous avions mise en évidence dans nos calculs était très claire :

---

1. A ceci près que contrairement à l'énergie noire qui a une action répulsive, la constante cosmologique d'Einstein avait pour but de s'opposer à l'expansion de l'Univers. Son rôle était exactement l'inverse de celui de l'énergie noire.

2. En particulier dans notre ouvrage *Au Commencement du Temps*, Flammarion, 2009.

« Ce travail original présente des perspectives nouvelles et importantes, de nature à résoudre certains des problèmes parmi les plus difficiles dans le domaine de la gravité quantique. L'auteur établit, en particulier, l'existence d'un champ scalaire complexe (dilaton + axion issu de la <u>double signature</u> fluctuante (+ + + ±) dans le domaine quantique $\Sigma_h(0 < t < 10^{-43}\text{s})$) couplé à la 3-géométrie susceptible, selon lui, d'accélérer l'expansion de l'espace-temps. Nous recommandons la publication de certains des résultats concernés. »

Ce rapport daté de 1995 décrit très clairement une « accélération de l'espace-temps » trois ans avant que ce phénomène soit observé. Pour en avoir le cœur net, le physicien théoricien Luis Gonzalez-Mestres, chercheur au CNRS et membre de l'Institut national de physique nucléaire et de physique des particules (IN2P3) a rencontré le mathématicien Daniel Sternheimer le 11 janvier 2012. Cette visite avait pour but, pour l'essentiel, de demander à Sternheimer, ancien collègue de Flato et second directeur de nos thèses, de confirmer la prédiction contenue dans le fameux rapport du 5 octobre 1995. Le 12 janvier 2012, Daniel Sternheimer attestait de ce rapport en ces termes :

« Je soussigné, Daniel Sternheimer, directeur de recherche au CNRS en retraite, Visiting Fellow en mathématiques à l'université Rikkyo (Saint Paul) de Tokyo, éditeur de la revue *Letters in Mathematical Physics*, professeur honoraire de physique à l'université de Saint-Pétersbourg, membre du conseil des gouverneurs de l'université Ben-Gourion de Beersheba (Israël), ancien collaborateur du professeur Moshé Flato et lui ayant succédé en 1998 dans la direction des thèses de Messieurs Grichka et Igor Bogdanov, atteste que la signature au pied du rapport d'étape sur l'état des travaux de thèse de doctorat en physique mathématique de Monsieur Grichka Bogdanov, daté du 5 octobre 1995, est bien celle du professeur Flato et que ce texte correspond bien au rapport qu'il avait établi. Pour mémoire le professeur Flato, avec lequel j'ai collaboré pendant trente-cinq ans (de sa venue en France en octobre 1963 dans l'équipe de Louis de Broglie à son décès à Paris en novembre 1998) est rapidement devenu un leader dans la recherche en physique théorique et en mathématiques en France et dans le monde, reconnu comme tel par de nombreux scientifiques éminents et en particulier par le comité Nobel de physique qui le consulta chaque année de 1971 à 1998[1]. »

---

1. Attestation du 12 janvier 2012 adressée par Daniel Sternheimer à Luis Gonzalez-Mestres.

Comme le confirme Moshé Flato dans son rapport, l'étrange phénomène que nous avions mis en évidence devait être ce qu'on appelle en physique théorique un « champ scalaire », présent dès la phase dite « quantique » de l'espace-temps, c'est-à-dire *avant* le Big Bang. C'est lui qui devait, en quelque sorte, « dilater » l'espace-temps puis, par la suite, *accélérer* son expansion. Comment un tel phénomène est-il possible et, surtout, quelle en est la raison d'être ? Pour trouver un début de réponse, il nous faut remonter dans le passé lointain de l'Univers : jusqu'au Big Bang, et même (comme nous l'avons fait dans nos travaux) *avant le Big Bang*.

*

Désormais, la question de savoir ce qui s'est passé avant le Big Bang semble absolument légitime : une simple requête sur Google à partir de l'expression « Before the Big Bang » renvoie à quelque 893 000 résultats. La même requête en français débouche sur 43 000 résultats. Près d'un demi-million de différents sites web tentent dorénavant de répondre à cette question à travers le monde. Pourtant, il y a deux décennies à peine, il en allait tout autrement :

à cette époque, aucun média ne s'était encore fait le relais d'une telle question. Dans tous nos ouvrages précédents, nous avons rappelé à quel point les hypothèses que nous avions risquées, dès 1992, sur ce qui aurait pu se passer « avant » le Big Bang ont été controversées. Pourquoi ? Essentiellement parce que nous avons été les premiers à oser entrouvrir une porte considérée comme interdite, à nous poser une question sévèrement « défendue » : aux yeux de la communauté des astrophysiciens, s'interroger sur un « avant Big Bang » n'avait pas plus de sens que de spéculer sur l'existence d'un point hypothétique que l'on aurait cherché « au nord du pôle Nord » (selon la jolie expression que l'on doit à Stephen Hawking).

Cependant – et les innombrables publications qui ont suivi nos recherches suffisent à le montrer – la question était bel et bien légitime et, bien sûr, scientifiquement fondée. Pour preuve : en dehors de nous, dès le milieu des années 1990, le physicien théoricien Luis Gonzalez-Mestres s'intéressait déjà à cette question. Sur la base d'une approche dite « spinorielle », ce physicien a décrit avec précision un état possible de l'Univers avant le Big Bang. Dans un article publié au mois d'août 2012 sur le site de l'université Cornell, deux physiciens théoriciens, Stefano Liberati et David Mattingly, ont observé, à propos des recherches de Luis Gonzalez-Mestres : « Plusieurs articles ont été publiés durant cette période et certains d'entre eux ont anticipé de nombreux résultats importants (voir *30.31*[1]) ; malheureusement lors de leur publication, ces articles ont été peu remarqués (considérés par beaucoup comme trop "exotiques")[2]. »

Mais de manière heureuse, la science finit tôt ou tard par transcender ses propres limites. Comme nous l'observions dans l'article que le *New York Times* nous a consacrés le 9 novembre 2002, « ce qui semble absurde le matin peut revêtir un sens le soir venu ou le jour suivant[3] ».

*

---

1. *30.* L. Gonzalez-Mestres (1996) *31.* L. Gonzalez-Mestres (1997).

2. « Lorentz breaking effective field theory models for matter and gravity : theory and observational constraints » arxiv.org/abs/1208.1071

3. « Are They a) Genuises or b) Jokers ? French Physicists' Cosmic Theory Creates a Big Bang of Its Own », article de Dennis Overbye paru dans le *New York Times*, 9 novembre 2002.

Nous avons souvent répété que le temps avant le Big Bang était très probablement complexe (c'est-à-dire oscillant entre une forme réelle – le temps ordinaire – et une forme imaginaire). Or, une partie de la réponse à la question « d'où vient l'énergie noire ? » est peut-être là : dans les trois formes du temps.

Revenons à ce que nous avons déjà écrit dans *Le Visage de Dieu*. La première forme du temps, c'est celle dont nous faisons l'expérience à chaque instant, le temps de chez nous. Il est en profondeur lié à l'existence de l'énergie dans notre monde. C'est ce qui fait que les choses bougent, explosent, se transforment, etc. Sans le temps, pas d'énergie !

A présent voyons la deuxième forme possible du temps : le temps imaginaire. Plus exactement, imaginaire pur (souvenez-vous : il est mesuré par les nombres imaginaires). A la différence du temps réel – toujours en mouvement d'un instant à l'autre – le temps imaginaire ne s'écoule pas. Un peu comme la bobine d'un film, dont l'histoire est comme gelée. Dans le temps imaginaire, l'énergie ne peut donc pas exister. Qu'allons-nous y trouver à la place ? Ce que les spécialistes, depuis quelques années, appellent *l'information*.

De quoi s'agit-il ? En fait, de la même chose

que l'énergie mais dans le temps imaginaire. Au lieu de parler de grammes (pour une cerise) ou de kilomètres-heure (pour une voiture) on va chercher à décrire ces mêmes objets par la quantité d'information qu'ils contiennent. Une information mesurée en bits (un mot rassurant, que vous connaissez bien). Ainsi, comme nous l'avons vu, ce fauteuil, les lunettes ou les vêtements que vous portez, la maison dans laquelle vous vivez se réduisent, *in fine*, à de l'information pure. On commence désormais à mesurer (plus ou moins grossièrement) le degré d'information de tel ou tel objet et à le comparer à tel autre.

*

Mais revenons maintenant à l'origine de l'Univers. Où donc au juste allons-nous trouver ce prodigieux temps imaginaire ? Vous l'avez deviné : non pas dans notre monde mais ailleurs. *Avant* le Big Bang. Soyons plus précis. Le temps complexe, en mathématique, résulte de l'addition du temps réel et du temps imaginaire pur. Et tout s'éclaircit : le temps imaginaire pur existe lorsque le temps réel, lui, n'existe pas encore, autrement dit : à l'instant zéro. Vous pouvez donc sans effort en déduire avec nous qu'à l'instant zéro – au moment où l'Univers n'existe encore qu'en temps imaginaire – ce que nous appelons dans notre monde « énergie » n'existe pas non plus. Et qu'y a-t-il à la place ? Tout naturellement, de l'énergie imaginaire ! Cette chose vous paraît sûrement des plus étranges. Pourtant, elle est bien connue des physiciens, pour lesquels elle est presque banale. Elle ne varie pas (puisque le temps réel n'existe plus) et se réduit à ce qu'en mathématiques on appelle un « champ scalaire », c'est-à-dire un nuage de nombres. Un ensemble de chiffres. Un bon exemple d'énergie imaginaire, souvent cité, est celui de la charge électrique de l'électron, un nombre que les physiciens appellent l'énergie imaginaire de la particule[1].

Nous voici donc face à cette forme d'énergie cristallisée, qui associe un nombre à chaque point. Au lieu d'énergie imaginaire nous allons l'appeler « information ». Et nous en déduisons donc qu'à l'instant zéro, il n'y a rien d'autre que de l'information. Quelque chose de purement numérique mais qui « encode » avec une précision vertigineuse toutes les propriétés de l'Univers destiné à apparaître après le Big Bang.

---

1. Tianxi Zhang, « Electric Charge as a Form of Imaginary Energy », *Progress in Physics*, vol. 2, avril 2008.

Nous tenons donc les deux « bouts » de l'Univers : à l'échelle zéro le temps imaginaire et l'information, à l'échelle de Planck le temps réel et l'énergie.

Et entre les deux ?

La réponse est simple : le temps est nécessairement complexe (c'est la principale conséquence de l'état qualifié de « KMS[1] ») et ceci débouche donc sur un mélange entre l'information et l'énergie. Plus exactement, au cours de cette phase où le temps imaginaire se transforme en temps réel, de la même manière, l'énergie imaginaire à l'instant zéro (donc l'information initiale) se transforme en énergie réelle au moment du Big Bang.

*

D'où vient le Big Bang ? Finalement, nous touchons peut-être ici à une réponse. La source

---

1. Pour simplifier, disons que dans l'infiniment petit (le domaine quantique) l'état KMS relie l'équilibre thermique d'un système à son évolution. Un peu comme un funambule qui, sur une corde, ne peut conserver son équilibre qu'au prix des petits mouvements de son balancier. Lorsqu'un système quantique est en état KMS (c'est-à-dire quand son équilibre et son évolution sont réunis), alors son temps propre devient complexe : à la fois réel et imaginaire.

de la colossale énergie qui, en quelques fractions de seconde, jaillit en torrents furieux du néant pourrait bien être l'information primordiale, minutieusement *codée* à l'instant zéro. En somme, une brutale « transition de phase » entre l'énergie imaginaire (l'information originelle) et l'énergie bien réelle qui va se déployer dans le Big Bang. Pour créer les galaxies, les étoiles par milliards, la Terre, vous et votre chien. En ce sens, comme nous l'avons dit ailleurs, la singularité initiale pourrait être le support de ce que nous appelons le « code cosmologique » : une sorte de programme mathématique implacable, que nous pourrions comparer au code génétique pour un être vivant. Ce qui, dès lors, anéantit totalement le rôle qu'aurait pu jouer le hasard au moment du Big Bang (et *a fortiori* avant). Sommes-nous encore étonnés par l'existence du fameux « nuage » dans lequel sont stockés les milliards d'informations accessibles à nos ordinateurs ou nos téléphones portables ? Cet exemple désormais banal nous permet d'entrevoir que, de la même manière, un « nuage » d'information numérique a pu engendrer le Big Bang et structurer la réalité qui nous entoure. Très étrangement, il semblerait que l'ensemble des lois qui « codent » la réalité matérielle dans laquelle nous sommes plongés formerait un extraordinaire « nuage d'informations », une sorte de *cloud* cosmologique situé « de l'autre côté » de notre monde : hors de notre espace-temps, inaccessible à nos sens et à notre expérience quotidienne, ce mystérieux *cloud* cosmologique, riche de l'information infinie de l'avant Big Bang, viendrait donc organiser tous les phénomènes physiques qui émergent sous une forme sensible dans notre univers.

Evidemment, dire que le Big Bang vient d'une information qui ne cède aucun rôle au hasard ne nous dit pas – ne nous dira sans doute jamais – d'où vient l'information elle-même. « Y a-t-il encore quelque chose au-delà ? Si nous acceptons l'idée que l'Univers est un message secret, qui a composé ce message ? »

Sans doute l'absence de réponse est-elle écrite dans le message.

*

Que pouvons-nous conclure de tout ceci ? Quelque chose de fascinant : l'accélération de l'espace-temps révélée par Planck pourrait donc représenter un fort indice expérimental, une nouvelle « trace » (après les autres) de l'existence d'un temps autre, un temps imaginaire *avant* le Big Bang. Bien que les interprétations des mesures sur la valeur de l'énergie noire par l'équipe Planck restent muettes sur ce point, nous prenons le risque d'affirmer, comme le rappelle d'ailleurs, dans un autre contexte, le physicien George Efstathiou, membre de l'équipe Planck, que l'explication de ce phénomène pour lequel on s'interroge sur la nécessité d'une « nouvelle physique » est à chercher *avant* le Big Bang. Notre prédiction est donc que les mois et les années qui viennent pourraient bien nous entraîner, à la faveur de l'une des plus importantes révolutions qui aient jamais eu lieu en physique théorique, vers une nouvelle vision de notre Univers. Un Univers profondément structuré par une information cosmologique primordiale et par des lois d'une précision vertigineuse. Un Univers parfaitement *ordonné* qui exclut, au niveau le plus profond où s'expriment ces lois, toute forme de tâtonnement, d'hésitation, d'imprévu et de hasard. En somme, comme le pensait Poincaré, l'Univers et tout ce qu'il contient n'est ni le résultat d'un accident imprévu, ni la conséquence d'une coïncidence fortuite : il manifeste clairement, au niveau cosmologique le plus profond, *la fin du hasard*.

Conclusion

Quel rôle joue donc le hasard dans nos vies de tous les jours ? Quelle est, au-delà de toute superstition, sa vraie place dans le cortège d'événements qui structurent nos existences ? Et le hasard a-t-il encore sa place dans le grand scénario qui fait que 13,8 milliards d'années après le Big Bang, nous sommes là pour poser cette question ?

De l'atome à l'étoile, la réalité qui nous entoure est « une formidable énigme ! » comme l'écrivait Einstein en 1954 à son vieil ami Besso. Or avec la plus grande élégance – mais aussi avec la plus grande fermeté –, l'Univers invite ceux qui y vivent à tout faire pour tenter de le comprendre. Et la première question qu'on se pose, c'est de savoir si « tout ce qui est » dépend du hasard ou repose, au contraire, sur un ordre profond. Pour répondre, il suffit de constater, très simplement, que l'Univers tout entier, depuis le plus petit fragment de matière jusqu'aux amas de galaxies, reflète un ordre global dont nous sommes, en quelque sorte, l'un des effets directs. Oui, l'Univers peut, avec quelque raison, être vu comme « plein d'ordre » parce que ce phénomène unifié et complexe qu'est l'Homme n'est pas tout à fait étranger à la stupéfiante cohérence de l'Univers qu'il observe. Convient-il alors de faire une différence entre le hasard « ordinaire » (qui semble brièvement inscrit dans le court terme) et la *destinée* (qui apparaît sous une forme bien plus fondamentale sur une longue durée) ?

Dans le fond, toutes ces questions trouvent une réponse à la mesure du contexte dans lequel on va les considérer. Il est en effet difficile de nier qu'une certaine forme de hasard qui n'est jamais vraiment « pur »[1] intervient constamment dans nos vies, même lorsqu'il passe inaperçu (il s'agit le plus souvent d'événements mineurs, sans incidence sur le parcours

---

1. Ceci parce que les événements apparemment aléatoires qui apparaissent dans nos vies reposent, en réalité, sur des variables cachées – des lois – que nous ne connaissons pas.

d'une journée)[1]. En revanche, dès lors qu'on considère l'échelle cosmologique, celle de l'Univers, tout change. Car au niveau cosmologique, on l'a vu, le hasard ne joue plus aucun rôle. Autrement dit, s'il existe des degrés de liberté susceptibles d'accueillir une forme de hasard mixte, curieusement « programmé » à l'échelle de nos vies, les contraintes qui, depuis l'origine, règlent l'évolution de l'Univers ne laissent pas de place au hasard. De là, cette conclusion : le hasard « ordinaire » dont nous faisons l'expérience n'a aucune incidence sur l'Univers lui-même : il s'agit d'un « pseudo-hasard » local, *coupé* (comme on dit d'un vin qu'il est coupé), qui n'affecte en rien l'ordre « global » qui règne dans l'Univers. A l'échelle de nos vies, le hasard contient d'ailleurs tellement d'« impuretés » qu'on est obligé d'inventer des « machines à créer du hasard "pur" » : les

---

1. Par exemple, la rencontre inopinée – « par hasard » – d'un ami au coin de la rue n'est généralement pas de nature à modifier le cours des choses. De même, ramasser, toujours par hasard, une pièce de 1 euro sur le trottoir ne changera rien à votre vie et l'instant suivant, vous aurez oublié votre trouvaille. En revanche, si au même endroit, vous trouvez une liasse de 1 million d'euros, c'est toute votre existence qui s'en trouvera bouleversée : le hasard se transforme alors en destin.

machines de casino, les générateurs de nombres aléatoires (machines à sous), etc. De ce point de vue, la célèbre roulette n'est autre qu'une machine à fabriquer, tant bien que mal, du hasard « pur ». Or pour cela, elle doit lutter aussi efficacement que possible contre les lois physiques qui s'exercent sur elle : la gravitation, le champ de Higgs, l'inertie, la thermodynamique, etc. Il s'agit bien de « purifier » le hasard, d'affranchir autant que possible la machine des lois de la nature : pour satisfaire un tel objectif, les ingénieurs vont s'efforcer d'éliminer toute anomalie du système (par exemple une bosse infime dans l'anneau de roulement). Or à ce stade, une anomalie constitue, avant tout, une « information » : pour produire du hasard vraiment « pur », il faut absolument « désinformer » le système, le vider de toute information (c'est-à-dire de toute anomalie).

Cet exemple est particulièrement intéressant en ce sens qu'il nous permet de saisir la relation profonde qui existe entre le hasard et l'information : plus un système est « informé », moins le hasard intervient. Au contraire, plus un système est « désinformé » (c'est le cas de la roulette), plus le hasard se manifeste. Et ce lien profond entre le hasard et l'information pourrait rester valide jusque dans l'infiniment petit. C'est en tout cas ce qu'affirme l'un des papes de la théorie de l'information, Charles Bennett, de l'université d'Indiana : « Un système quantique évoluant de manière déterministe peut devenir aléatoire simplement parce qu'une certaine quantité d'information s'en échappe[1]. »

Voilà qui nous permet de saisir les raisons pour lesquelles le hasard pèse fortement sur des systèmes peu informés (par exemple un troupeau de rennes dans le Grand Nord) et intervient de moins en moins dans des organisations complexes et « informées » (par exemple un grand groupe industriel).

Dès lors, on comprend pourquoi le hasard ne joue aucun rôle aux échelles cosmologiques. La raison ? Elle est tout simplement liée à l'information. Au moment du Big Bang, tous les scientifiques sont d'accord pour conclure que l'entropie de l'Univers était nulle. Or les experts de cette notion d'entropie ont établi que plus l'entropie d'un système est basse, plus ses éléments sont ordonnés. Autrement dit, l'information est l'inverse de l'entropie : une entropie

---

1. Charles H. Bennett, *A Quantum view of the Origin of Randomness, Classicality and Complexity*, 2008, voir http://www.cs.indiana.edu/-dgerman/bennett.pdf

nulle équivaut à une information infinie. Dès lors que l'information était infinie avant le Big Bang, le hasard ne pouvait y jouer aucun rôle : dès l'origine, il a été définitivement exclu de l'échelle cosmologique.

*

En fait, l'idée que « l'ordre règne dans l'Univers » semble tellement *évidente* qu'elle devrait être simplement acceptée par tous, sans discussion. Il ne s'agit pas d'une supposition, encore moins d'une croyance, mais d'un fait observé. Cependant, à notre grande surprise, certains s'acharnent encore à voir dans le cosmos et la réalité qui nous entoure une sorte d'immense chaos au sein duquel les choses, les fleurs, les galaxies, les hommes et les étoiles existent *par hasard*. Or si l'Univers était *vraiment* chaotique, comment expliquer alors qu'il soit possible de le décrire par des lois qui nous permettent de prédire son comportement ? Si l'Univers était réellement livré au hasard, comment expliquer qu'une formule aussi puissante que $E = mc^2$ ait pu le décrire avec une si étonnante précision ? En fait, si l'Univers avait été livré aux forces du chaos, il n'aurait jamais évolué. De même, la science n'aurait jamais

pu le décrire ni prédire le moindre phénomène issu de ce chaos par essence imprévisible. Si les chercheurs font des découvertes
sur l'Univers, c'est bien parce qu'il est prévisible et donc *ordonné*. A ceux qui prétendent
que cet ordre repose sur le hasard, il suffit de
demander : est-ce que le soleil se lève *par hasard* ou parce que dans l'Univers tout est réglé par des lois ? Il est possible de simplifier
encore l'exemple par une question dont la réponse tombe sous le sens : l'ordre qui règne
dans votre maison apparaît-il par hasard, ou
bien en raison des efforts que vous consacrez
à l'entretien des lieux ?

Quelle réponse cohérente les défenseurs du
hasard peuvent-ils raisonnablement apporter
à ce constat pourtant si simple : si l'Univers
n'avait pas les propriétés qu'on observe, nous
ne serions pas là pour en parler. Les arguments
en ce sens sont particulièrement nombreux.
Ils ont suscité l'intérêt des plus grands scientifiques : Henri Poincaré, Max Planck, Richard
Feynman, Paul Dirac, Freeman Dyson, etc. qui
ont tous conclu que si le réglage de l'Univers
n'avait pas été aussi finement ajusté, la vie
n'aurait jamais pu apparaître. Par exemple, si
le seuil d'excitation des noyaux de carbone
(c'est-à-dire leur degré d'agitation interne) ne

s'était pas situé très précisément au niveau de 7,653 millions d'électrons-volts au-dessus de leur état normal, ces mêmes noyaux n'auraient jamais pu être synthétisés et le carbone ne se serait jamais formé. Sans carbone, pas de chimie organique possible, donc pas de vie, pas de fleurs. Ceci revient à dire que si les propriétés des noyaux de carbone avaient été à peine différentes, nous n'aurions tout simplement jamais existé. Est-ce l'effet du hasard ? Ou au contraire celui d'un ordre profond qui s'étend à toutes les propriétés de l'Univers ?

Si l'Univers a bien changé depuis les premières particules élémentaires apparues avec le Big Bang, il semble que son évolution repose donc sur un ensemble de lois physiques qui structurent de manière *certaine* la matière, l'énergie, la vie et à la conscience. Comme l'observait Henri Poincaré : « L'Univers n'est jamais hors la loi[1] ! » Ce sont ces lois qui structurent le scénario cosmologique dont dépend, 13,8 milliards d'années après le début, l'apparition des systèmes complexes, vivants et conscients. A ce propos, voici ce qu'a déclaré Michel Mayor, le découvreur, en 1995, de la première planète située hors du système

---

1. Paul Appell, *Henri Poincaré*, Plon, 1925.

solaire : « Personnellement je pense que la vie est une sorte de sous-produit des lois de l'univers et que lorsque toutes les conditions sont réunies, la vie est rendue inévitable, sous une forme ou une autre. Il n'y a rien de choquant à cela. Les atomes qui nous constituent proviennent de l'intérieur d'une étoile. Je suis donc assez heureux avec l'idée que la vie existe partout ailleurs[1]. »

Si l'Univers est une sorte d'énigme prodigieuse, de signe à déchiffrer, alors peut-être que nous avons devant nous, sans vraiment le comprendre, un fragment du grimoire originel sur lequel sont écrits les secrets du monde. Pouvons-nous deviner le sens de ce grimoire en cherchant à pénétrer le code cosmique sur lequel repose l'Univers ? S'agit-il d'un message écrit, il y a très longtemps, dans une langue inconnue, en attendant qu'un jour lointain nous puissions en décrypter la signification ? C'est peut-être en ce sens qu'il nous faut comprendre cette idée particulièrement audacieuse du physicien théoricien Anthony Zee, de l'université de Californie, à Santa Barbara. Comme nous l'avons rappelé dans

---

1. www.swissinfo.ch/fre/sciences_technologies/A_la_ recherche_dune_exoplanete_habitable.html?cid=291136

un ouvrage précédent, Zee est quelqu'un qui compte dans les milieux de la physique théorique. D'abord parce qu'il a été l'élève de deux monuments de la science au plan mondial, l'académicien Sidney Coleman, de Harvard, et la médaille Fields Edward Witten, de Princeton. Ensuite, il est l'auteur du magistral ouvrage *Quantum Field Theory* (pour beaucoup la meilleure introduction à cette discipline difficile qu'est la théorie quantique des champs). En quelques années, Zee est devenu une véritable vedette à l'université de Santa Barbara pour la clarté et le caractère vivifiant de ses cours sur la relativité. Avec son collègue le physicien Stephen Hsu de l'université d'Oregon, il avance une proposition étonnante : un message pourrait être *encrypté* dans le fond diffus cosmologique, la fameuse lumière fantôme du Big Bang. Selon eux, c'est là qu'il faut rechercher « quelque chose » qui pourrait être une sorte de « message », de code, enfoui depuis des milliards d'années au cœur du rayonnement fossile. « S'il existe, nous ignorons tout de ce mystérieux message. Nous ne savons pas ce qu'il pourrait nous dire ! » précisent les auteurs avant d'ajouter : « Mais ce que nous savons, c'est que ce message est d'essence mathématique. Cela, c'est une certitude. » Et les deux physiciens de conclure : « Nous pensons que le fond diffus cosmologique (CMB) offre une occasion extraordinaire pour le Créateur de notre Univers (en supposant qu'il existe) d'avoir envoyé un message à ses occupants, en utilisant la physique connue[1]. »

Aux dernières pages de *Dieu et la science*[2], alors que nous ignorions tout de l'article de Zee qui ne serait publié que bien des années plus tard, nous posions alors cette question : « Qu'y a-t-il dans ce message ? Chaque atome, chaque fragment, chaque grain de poussière existe dans la mesure où il participe d'une signification universelle. Ainsi se décompose le code cosmique : d'abord de la matière, ensuite de l'énergie, et enfin de l'information. Y a-t-il encore quelque chose au-delà ? Si nous acceptons l'idée que l'Univers est un message secret, qui a composé ce message ? Si l'énigme de ce code cosmique nous a été imposée par son auteur, nos entreprises de déchiffrement ne forment-elles pas une sorte de trame, de miroir de plus en plus net,

---

1. « Message in the Sky », octobre 2005, rév. juin 2006, consultable sur arxiv.org/abs/physics/0510102
2. *Dieu et la science, op. cit.*

dans lequel l'auteur du message renouvelle la connaissance qu'il a de lui-même ? »

Même si ce message reste – peut-être à jamais – énigmatique, inaccessible, impénétrable, même si nous sommes totalement incapables d'en déchiffrer le sens, c'est bien l'existence même de ce formidable message qui, selon nous, suffit à mettre un terme définitif à toutes les théories cosmologiques du chaos : même si beaucoup hésitent encore à le reconnaître, aussi bien les mathématiques que la physique appliquée à la cosmologie nous disent clairement que le moment est venu, peut-être, d'admettre que ces nouveaux modèles d'Univers fondés sur l'observation stricte des lois qui le gouvernent annoncent une ère encore inconnue dans notre vision de l'Univers, de son origine et de son évolution : celle de la fin de l'idée que, jusqu'ici, nous nous sommes toujours faite du hasard.

Ce qui « est écrit » n'est pas ce que l'on fait, mais la liberté de le faire.

Table

Composé par Nord Compo Multimédia
7, rue de Fives, 59650 Villeneuve-d'Ascq

Cet ouvrage a été imprimé par
CPI BRODARD ET TAUPIN
72200 La Flèche

pour le compte des Éditions Grasset
en octobre 2013

N° d'édition : 17978 – N° d'impression : 3001759
Dépôt légal : octobre 2013
Imprimé en France